La place du goût

dans la production philosophique

des concepts et leur destin critique

situationnistes

Guy Debord   Société du Spectacle

Sous la direction de	Elisabeth Lebovici
	Didier Semin
	Ramon Tio Bellido
Communications de	Stephen Bann
	Maria Teresa Beguiristain Alcorta
	Christine Buci-Glucksmann
	Thierry de Duve
	Yves Michaud
	Michael Newman
	Birgit Pelzer
	Daniel Soutif
Avec la participation de	Michel Bourel
	Bernard Marcadé
	Catherine Perret

La place **du goût** dans la production philosophique des concepts et leur destin critique

CRITIQUE D'ART

Actes du colloque Archives de la critique d'art

Ce colloque s'est tenu
à l'Université Rennes 2,
les 30 novembre et 1er décembre 1990.
Il a été coproduit
avec l'association Dialogue Entre les Cultures
et a bénéficié de l'aide
du Ministère de la Culture et de la Communication,
de la Région Bretagne, de la Ville de Rennes
et du British Council.
La publication des actes
a été possible grâce aux contributions
de la Ville de Rennes,
du Ministère de la Culture et de la Communication,
et de la Région Bretagne.

© 1992

Les auteurs & les Archives de la critique d'art
3 rue de Noyal
35410 Châteaugiron
Tel. : 99 37 55 29

Tous droits réservés.
Aucune partie
de cet ouvrage ne peut être
reproduit que se soit
par des moyens
photographiques,
electroniques
ou mécaniques
y compris en photocopie
sans l'autorisation écrite
de l'éditeur.

Sommaire

Elisabeth Lebovici	*Préface*	07

Le goût et la norme

Yves Michaud	*Le goût et la norme*	12
Maria Teresa Beguiristain Alcorta	*Les difficiles rapports entre la norme et le jugement*	25

La place de l'œuvre d'art dans le discours philosophique

Christine Buci-Glucksmann	*L'Idée et la manière, frontières de l'esthétique*	44
Birgit Pelzer	*Position subjective et lieux du discours*	64

Critique subjective ou théorie critique

Stephen Bann	*Le glissement vers le subjectivisme ? William Hazlitt et la génèse de la critique d'art anglaise*	86
Daniel Soutif	*Critique subjective ou théorie critique ?*	102

Pour une critique philosophique

Michael Newman	*La spécificité de la critique et la nécessité de la philosophie*	130
Thierry de Duve	*Comparer les incomparables, ou comment collectionne-t-on ?*	160

Postface

Jean-Marc Poinsot	*Les Archives de la critique d'art*	182

Contributions

Préface

Elisabeth Lebovici

La critique d'art se réfléchit souvent sur le mode de la justification. Peut-être parce que les deux questions qui lui sont inévitablement posées en réfèrent symptomatiquement à sa fonction et à son statut financier : à quoi sert-elle, et qui la paye? Le cadre l'emporte sur les discours qu'il circonscrit. Coincée entre l'atelier et la galerie, entre l'artiste et le spectateur, le marchand et le collectionneur, la presse et l'université, ou encore la théorie et la pratique, la critique d'art ainsi *cernée* se croit obligée de rendre des comptes.
L'initiative récente des Archives de la critique d'art propose en ce sens une sorte de pause à cette entreprise d'autodénégation qui tourmente les critiques d'art. En leur offrant une mémoire : ces Archives, justement, sont aussi une tentative pour désintégrer ce bloc monolithique de « la » critique d'art, pour en recueillir la diversité et pour la faire connaître. En témoigne cette publication, la première du genre pour l'institution, constituée des actes du colloque tenu à Rennes les 30 novembre et 1er décembre 1990.
A l'époque où nous préparions ce premier colloque des Archives de la critique d'art, le marché vivait une période de crise hystérique. Il n'y avait pas que l'argent et les œuvres en circulation, mais aussi les rôles : entre la position du marchand, celle de l'artiste et enfin celle du collectionneur existait en quelque sorte un échange incessant. Dans un circuit qui n'avait plus besoin d'elle pour vendre, il était possible de repenser l'apport de la critique d'art.
Un apport théorique? Ou bien la critique est-elle définitivement vouée à la subjectivité de ses jugements? Et d'abord, la distinction entre ces propositions est-elle pertinente? Ce n'est pas certain, si l'on se rapporte à l'intervention de Daniel Soutif qui, partant du subjectivisme ou du *relativisme* absolu qu'il dénote dans certain discours actuel sur la critique - nommément, celui de Thierry de Duve - en retrace les sources philosophiques dans l'antinomie kantienne du jugement de goût et pose sa reconduction présente comme une dénégation de la critique. Prenant la pratique de Clement Greenberg comme paradigme, il y relève divers niveaux de conceptualisation et d'énonciation qui ne véhiculent pas qu'un sentiment, mais une argumentation. Soutif énonce ainsi une réalité

du discours critique qui, restant dans le champ de la subjectivité, accède cependant au plan de l'élaboration théorique pour - justement - juger.

Existe-t-il alors une différence entre théorie et juridiction? Cette question a ouvert le colloque sous l'entrée du « goût et de la norme ». La référence à l'essai de Hume (1757) *Norme du goût* est évoquée à la fois par Yves Michaud et Maria Teresa Beguiristain Alcorta; cette dernière, pour définir les trois types de régulations existant dans le discours contemporain de la critique, Yves Michaud, quant à lui, insistant sur l'apprentissage et sur l'importance des composantes psychanalytiques et culturelles dans le jugement esthétique.

Mais cette capacité de juger est-elle l'apanage de la critique d'art? Au cours des dernières années, la philosophie a beaucoup louché du côté des œuvres; citant en exergue l'« affinité » notée par Walter Benjamin entre des formes - les œuvres d'art - et la philosophie « ou plutôt avec l'idéal de son problème », Christine Buci-Glucksmann argumente la mise à mal du statut classique de la philosophie (critique) par ce quelque chose de « spectral » ou de fantomal qu'est l'art. Birgit Pelzer aborde la place de l'art d'un point de vue tout à fait différent : elle applique les concepts de la psychanalyse lacanienne au rapport entre théorie et pratique chez Daniel Buren afin d'y repérer, d'y penser un rapport à l'Autre.

Succédant à celle de Soutif, l'intervention de Stephen Bann constitue une véritable « étude de cas » d'un critique britannique du début du XIXe siècle : William Hazlitt. En la rupture avec le civisme d'un Reynolds, Hazlitt fonde la subjectivité critique que l'on retrouvera chez Ruskin, Pater ou Adrian Stockes. A travers sa capacité à forger une terminologie pertinente (on pense aussi à la « planéité » de Greenberg ou au « flatbed » de Steinberg) est posé le problème de l'adéquation du langage aux œuvres élues, goûtées par le critique d'art.

Enfin, Michael Newman et Thierry de Duve abordent l'un et l'autre la question d'une crise de la critique. Partiellement provoquée, selon Newman, par la redéfinition contemporaine des notions d'avant-garde, de modernisme ou d'industrie de la culture, elle implique la transformation de la théorie en objet de consommation. Newman prône un « renforcement » de la critique d'art et de la philosophie, sans se leurrer sur la réitération postmoderne du romantisme. A partir de son hypothèse, « l'art en général » comme nouvelle donne depuis Duchamp, Thierry de Duve déduit la reformulation du jugement de goût. Acte de baptême, désignation par le nom propre d'art, référence à une collection imaginaire dans laquelle figure tout ce qui mérite pour soi ce nom d'art... cette thèse de l'« art en général » imposant un jugement au coup par coup, n'avance aucun présupposé pour faire de l'art ni pour l'apprécier.

Nous avions d'abord énoncé le problème naïvement, comme l'expression d'un malentendu. Il nous semblait en effet qu'entre les philosophes ayant travaillé sur un corpus d'œuvres d'art contemporaines dont ils se sentaient proches, et les critiques d'art ayant « appliqué » (presque au sens informatique du terme) les concepts de ces philosophes à d'autres pratiques artistiques, il existait en effet une distance qui recouvre, précisément, la place du goût. A la lumière des interventions et débats parfois vifs qui se sont succédés à Rennes, on s'aperçoit aisément de la complexité des enjeux que ce territoire du goût façonne, faisant apparaître la critique d'art comme un tiers *inclus*.

Le goût et la norme

Yves Michaud

Maria Teresa Beguiristain Alcorta

Le goût et la norme

Yves Michaud

Lorsqu'il n'y a plus de canons du jugement esthétique - quels que soient les canons défendus, académiques ou non -, on en vient, ou revient, à l'esthétique du goût.

Celle-ci peut s'approfondir à son tour en une psychologie ou anthropologie du comportement esthétique, malheureusement peu développée, ou en une sociologie des mondes de l'art, plus répandue.

De ce point de vue, il ne me paraît de toute manière pas surprenant que par nos temps de pluralisme postmoderne se tienne un colloque sur le goût.

C'est une façon de reconnaître notre relative désorientation, une désorientation qui se traduit, du côté des jugements, par la diversité extrême des évaluations et, du côté de la production, par la coexistence d'œuvres très différentes sur le marché des galeries, des musées ou des revues.

C'est une façon aussi de reconnaître plus profondément ce qu'il y a de subjectif, de personnel et finalement d'esthétique - en termes de sensibilité - dans les choix dits esthétiques.

Une esthétique ordonnée à des raisons, des principes ou des formes est toujours convaincante : les raisons, par définition, servent à démontrer. Pourtant, si elles expliquent que nous devions et puissions admirer telle ou telle œuvre, elles n'expliquent pas que nous le fassions effectivement - et encore moins que nous le fassions avec un certain plaisir. On retrouve là un des arguments avancés tout au long du XVIIIe siècle, et au-delà, quant à l'impossibilité d'*agir* sur la base d'un jugement moral qui resterait purement intellectuel : il y manquera toujours un moteur, c'est-à-dire une passion, ou un sentiment, qui fasse passer de la contemplation à un faire effectif.

On objectera que l'élégance d'une preuve scientifique suscite véritablement un plaisir, ainsi qu'en témoignent les variations de styles de démonstration dans l'histoire des mathématiques, ou l'expérience de l'apprenti mathématicien ou logicien. Sauf qu'on peut aussitôt défaire l'argument : ceux qui trouvent ainsi leur plaisir dans un style desarguien ou riemannien de démonstration le trouvent encore par goût, c'est-à-dire sur des principes qui ne relèvent finalement pas des mathématiques, mais du goût. On peut préférer une théorie baroque à une théorie dépouillée, une démonstration sinueuse à une démonstration tranchante. On en revient toujours au goût, même là où on ne le cherchait pas.

Le problème d'une esthétique du goût est que, une fois reconnue la base subjective du jugement esthétique, il faut faire le chemin inverse, c'est-à-dire aller de la subjectivité à sa régulation - à sa norme, à la manière dont elle se norme ou s'étalonne. Si les esthétiques conceptuelles ne rendent pas compte du plaisir, celles du goût ou du sentiment manquent l'objectivité relative des accords finalement pas si rares sur les évaluations. Le paradoxe des jugements esthétiques est en effet qu'ils sont à la fois divers - et pas tellement divers. A vue de nez, comme on dit, chacun a son goût, mais finalement personne ne confond Manet et Cormon, Gustave Moreau et Gérôme. Ou plutôt, car ce que je viens de dire est si peu nuancé qu'il en est faux, personne ne confond Cormon et Manet, Moreau et Gérôme à l'intérieur de certains groupes d'évaluation qui ont leurs normes bien établies. La diversité des évaluations est à la fois réelle et relative : il y a des esthétiques locales et des goûts locaux, et même les esthétiques cosmopolites ou éclectiques ont encore un caractère relatif.

Dans ces conditions, la question centrale devient celle de la norme du goût : comment se fait-il que des sentiments s'accordent, que des goûts se rencontrent? On est ici à la frontière entre la psychologie des évaluations esthétiques, qui conduit dans la direction de la diversité, et la sociologie du monde de l'art, qui rend compte plutôt de la normalisation et de la standardisation des jugements.

Dans la situation qui est la nôtre, ce retour du goût se manifeste en général sous deux formes : l'esthétisme des choix individuels et la psychanalyse des fixations affectives. Les positions successives de Philippe Sollers sont assez typiques de l'un et de l'autre. D'un côté, Sollers revendique le dandysme des délectations, de l'autre il les rapporte de manière assez exhibitionniste à une histoire personnelle. Si l'on passe à un niveau plus propre à la discussion, l'itinéraire d'un esthète comme Adrian Stokes se conforme à cette logique : Stokes partit d'un éventail de choix esthétiques profondément personnels. Il les décrivit dans des livres qui tiennent du récit de voyage, de l'autobiographie et de la poésie - mais pour approfondir ensuite son œuvre dans une approche psychanalytique.

Ce qui néanmoins chaque fois fait défaut, c'est la perspective d'un terrain de comparaison et de référence. Il ne suffit pas d'avoir des sentiments personnels, encore faut-il qu'ils s'ajustent à ceux des autres. On peut d'ailleurs faire remarquer en passant qu'un sentiment totalement subjectif, sans norme pour le rapporter aux sentiments d'autrui, serait finalement un sentiment privé dont il n'y a strictement rien à dire ni à penser. Je renvoie sur ce point à Wittgenstein.

Les philosophes du XVIIIe siècle, de Shaftesbury et Hutcheson à Hume et à Burke, sans oublier Du Bos, ont envisagé cette question. Nous ne sommes pas si démunis qu'il semble face à la question, et, surtout, nous n'avons pas forcément à enfoncer des portes déjà ouvertes.

C'est pourquoi je veux examiner maintenant comment David Hume, philosophe du XVIIIe siècle, proposa une interprétation de la manière dont les goûts, très divers dans leur origine, viennent à trouver leur réalité et leur accord.

Dans son essai de 1757 sur *la Norme du goût,* David Hume part d'un fait : la grande diversité des goûts. C'est une diversité aussi bien à l'intérieur du monde que nous fréquentons qu'à l'échelon des civilisations et des continents. En matière de goût, chacun est toujours et aussitôt assuré d'avoir raison, ce qui entraîne, *ipso facto,* qu'il n'a pas plus raison que les autres. Nous sommes chacun péremptoire, mais nous commençons à douter aussitôt que nous nous trouvons confrontés à un avis tout aussi péremptoire que le nôtre.

La diversité se complique, ou plutôt se redouble, du fait que des termes identiques recouvrent des sentiments différents. Les termes que l'on utilise dans le jugement esthétique sont ce que nous appellerions des évaluatifs; ils signifient le blâme ou la louange. Toute la difficulté vient avec leur application.

On a là, dit Hume, une situation opposée à celle des domaines de l'opinion et de la science : dans ces domaines, ce sont les termes généraux qui diffèrent, et une enquête sur les cas particuliers résout, en général, le problème. Quiconque prononce (j'interprète) péremptoirement que le libéralisme et le socialisme sont incompatibles a de fortes chances de devoir reconnaître que le système français de sécurité sociale, avec le choix libre du médecin et le remboursement socialisé d'une partie des consultations, est un cas de leur coexistence. Ceux qui trouvent que Schnabel et Ryman sont des peintres puissants ou que tous les créateurs sont des magiciens ont de bonne chance de se retrouver *in fine* en total désaccord entre eux malgré leur accord verbal.

Comme les philosophes néo-positivistes de la science l'ont montré, une clarification des termes scientifiques résout les différends. Une clarification du jugement esthétique ou moral en réalité localise les différends et les accuse. Tout le monde est pour la justice, l'égalité, la prudence et la magnanimité. Personne ou presque n'est d'accord sur ce que c'est qu'un cas de justice, d'égalité, de prudence ou de magnanimité.

Bref, dans le domaine de l'art comme dans celui de l'éthique, l'énoncé des vrais principes n'a que peu d'intérêt : on ne fait que répéter que le beau est beau ou la vertu louable. C'est probablement la raison pour laquelle, bien que philosophe, je me suis toujours personnellement méfié de l'esthétique des philosophes pour lui préférer l'histoire de l'art.

Alors que faire pour rendre compte de la norme du goût, de la règle qui accorde ou standardise les différents sentiments des hommes et, en même temps, fait la différence entre eux?

Hume estime qu'une position qui rapporte le jugement esthétique au seul sentiment en le coupant de la réalité des choses exclut toute norme de cette sorte. On sera condamné à rester sur une position sceptique admettant le relativisme parfait des jugements : des goûts et des couleurs, comme on sait, on ne discute pas. Les évaluations esthétiques ne correspondent, de ce point de vue, qu'à des états du sujet.

En formulant cette position, Hume a en vue une position en général considérée comme d'inspiration lockienne faisant de la beauté et de la laideur des qualités secondes dont le fondement dans l'objet nous resterait inconnu.

Il lui semble pourtant que, dans la réalité des comportements des hommes, le principe de l'absolue égalité des goûts n'est pas retenu.

Ici encore, il faut prendre en compte notre expérience. Elle est double.

C'est d'abord une expérience de la différence entre certains goûts vus comme *qualifiés* et d'autres qui ne le sont pas. C'est, dans un autre registre, l'expérience d'une activité artistique qui suit chaque fois des règles définies. Il y a des règles de l'éloquence et des règles de la composition. Un artiste est quelqu'un qui connaît ces règles, fût-ce pour s'en départir.

Cette référence à l'expérience, une expérience qui pour nous serait celle de l'historien de l'art nous rappelant, à la manière conjointe de Haskell et de Baxandall, qu'il y a, 1. des variations du goût, - 2. des procédures de commande, de production et d'évaluation des œuvres, replace le problème de la nature du jugement de goût à sa vraie place.

Toute la question est maintenant en effet de savoir comment chaque goût peut en venir à se former aux conditions adéquates du jugement. Il y a des règles, mais nous ne sommes pas assurés de pouvoir toujours les suivre, ne serait-ce que parce que nous ne les connaissons pas toujours. Il y a quand même une relation à établir entre la forme, produite dans le processus de l'activité artistique, et le sentiment suscité par elle. Cette relation dépend de circonstances délicates et de dispositions fragiles.

Pour tout dire, Hume suggère la nécessité d'un ajustement entre deux procédures : celle qui inscrit la forme artistique dans un ensemble de règles, celle qui inscrit le sentiment du spectateur dans un éventail de réponses plus ou moins bonnes selon les règles. Hume ne le dit pas, mais cela revient à soutenir que, de même qu'on apprend à produire de l'art en fonction de règles, de même on apprend à avoir les réponses esthétiques adéquates aux œuvres. L'art s'apprend, à tous les sens du terme : on apprend à en produire, on apprend à le goûter.

Hume fait reposer cet accord ultime sur une qualité dernière dans l'objet et sur son accord *préétabli* avec la nature humaine : certaines formes ou qualités plaisent et d'autres déplaisent. Je dirais qu'il y a là une affirmation « réaliste », à la fois de précaution et de principe. Si l'on veut éviter tout risque de scepticisme, il n'y a pas d'autre solution que de postuler quelque *fundamentum in re,* aussi ténu et obscur soit-il. Locke lui-même faisait déjà correspondre aux qualités secondes des choses des qualités premières des particules insensibles constitutives des choses. Kant fait de même correspondre aux phénomènes rapportés à l'unité d'un objet transcendantal une origine dans la chose en soi.

Pour ma part, j'en donnerais volontiers une traduction anthropologique en disant qu'il y a dans les objets certaines qualités qui suscitent des réactions esthétiques. L'homme est un animal qui, parmi ses conduites, en a certaines, dans certaines circonstances, qui sont appelées communément esthétiques. Dire lesquelles est une autre affaire, mais les historiens de l'art, les psychologues et les anthropologues ne sont pas si ignorants qu'on veut bien le croire sur ce point.

Si donc l'art s'apprend à tous les sens, si l'expérience du goût normé consiste à faire coïncider une forme produite selon des principes et un sentiment étalonné selon des usages, il y aura place pour une pratique d'éducation du goût. Ce sera l'éducation de la délicatesse.

Chacun, dit Hume, prétend être délicat, mais l'expérience nous apprend (ou non) à le devenir réellement. La délicatesse consiste très précisément dans la finesse de la perception et l'aptitude à percevoir toutes les composantes de l'objet. Hume introduit ainsi un équivalent esthétique d'une des qualités cartésiennes pour bien conduire son esprit, la perspicacité, qui permet de voir distinctement (Descartes, Règle 9 des *Regulae*). Au-delà, ceci le conduit à définir les conditions d'affinement de la délicatesse.

C'est fondamentalement affaire d'usage : « La même adresse et dextérité que la pratique donne à l'exécution d'une œuvre s'acquiert par les mêmes moyens pour la juger. » Il faudra attention, concentration mais aussi comparaison, considération sous divers angles, absence de préjugé. Hume va très loin dans cette idée de la pertinence des conditions de perception ou de réception d'une œuvre : le critique qui veut apprécier un discours antique doit être conscient des conditions de sa production et des intentions de son auteur : il faut se placer dans les circonstances que la performance de l'œuvre suppose.

Ceci conduit Hume à la conclusion que peu d'hommes sont effectivement en état de juger avec goût des œuvres. L'appréciation esthétique n'est ni facile ni immédiate, et elle requiert des *experts*.

Celui qui n'est pas délicat ne peut pas percevoir les subtilités des œuvres, celui qui n'a pas d'expérience hésite et confond. Celui qui ne sait pas comparer est hypnotisé par des singularités qui sont moins des qualités que des défauts. Celui qui est sous l'influence de préjugés ne dispose pas de ses capacités de sentir. Bref, l'expertise est si difficile qu'on peut se demander s'il y a même des experts.

Pour Hume, cette question est à nouveau une question de fait. Si tous les hommes s'accordent pour reconnaître quelqu'un comme un expert, la question sera tranchée; sinon, on entrera dans une autre discussion, analogue à celle du goût, mais appliquée cette fois à l'expertise. La question de l'expertise devient ainsi une « métaquestion » par rapport à celle du goût : celle de la norme de l'expertise. Hume adopte sur ce point une stratégie du même ordre que celle de toute sa philosophie, l'acceptation de la circularité, mais avec un changement de niveau du questionnement.

   Ce qui rend difficile l'exercice d'un goût normé, ce sont deux sources de variations : la variété des humeurs et la diversité des manières et des opinions. Ce sont là deux formes du préjugé.

On préfère Ovide à vingt ans et Horace à quarante. Bien souvent, nous choisissons les œuvres comme nous choisissons nos amis, c'est-à-dire par rapport à nos humeurs et à nos caractères. L'un préfère le sublime, l'autre la tendresse, un troisième la raillerie. L'un préfère l'ornementation, l'autre la simplicité. Affaire d'humeur.

De même, nouş tendons à choisir ce qui est proche de notre pays et de notre temps.

Ceci mène Hume à réintroduire deux conditions, mais elles sont de taille. L'une est rattachée à ce que nous avons de plus personnel, notre humeur et notre complexion passionnelle; l'autre est liée à la relativité des positions culturelles, à la différence des civilisations.

Le bizarre - et l'intéressant - est que ces deux limitations sont celles mêmes qui sont au coeur du problème de la norme du goût. Ce que la norme du goût doit surmonter, c'est en effet la partialité des tempéraments et des mœurs, - mais elle les retrouve à tout moment, et elle en est issue.

Peut-être faudrait-il ajouter que Hume repère ainsi deux éléments très ambivalents du jugement esthétique. Il n'y a, à bien des égards, de jugement esthétique que parce que nous avons des humeurs et des tempéraments. Ceux-ci n'ont, d'autre part, de signification que parce que nous sommes inscrits dans un monde qui est culturellement le nôtre.

Sans le savoir, et pour cause, Hume met ainsi le doigt sur les composantes psychanalytiques et culturelles de nos choix esthétiques. Ce qui motive, anime, les sentiments esthétiques, ce qui est leur source vivante, est aussi ce qui doit être réglé, standardisé puis dépassé dans l'établissement de la norme. Il n'y a pas là une limitation par circularité. C'est plutôt que la circularité fait partie de la question. Notre expérience des évaluations esthétiques est effectivement celle d'une base ou d'un noyau profondément subjectif qui s'affine et se normalise dans un processus fait d'expériences, de comparaisons, d'éclairages multiples, de décentrements et de recentrements. Le goût se forme et s'éduque. Pourquoi, sinon, nous informerions-nous, voyagerions-nous, chercherions-nous sans cesse à étendre notre expérience des choses de l'art? Le problème est qu'au terme du processus, il risque toujours de ne plus subsister qu'une norme. Telle est au demeurant aussi notre expérience du poids du conformisme dans le monde de l'art, c'est-à-dire du poids de la norme vide. Le goût se standardise en goût normé, puis en norme tout court, et nous y obéissons par conformisme. Jusqu'au moment où la norme de la mode nous devient si indifférente que le goût fait retour, sous une autre forme, qu'il faudra, à son tour, normer.

Débat

Modérateur : **Bernard Marcadé**

BERNARD MARCADÉ : Votre regard sur la pensée de Hume est très éclairant. On a bien saisi dans votre propos cette manière de ne pas chercher de fondement et de nous étourdir dans ce relativisme qui, au fond, vous est cher.

YVES MICHAUD : Un relativisme normé.

BERNARD MARCADÉ : ...normé oui. Vous avez bien parlé de la norme du goût, mais est-ce qu'on pourrait parler, en ce qui vous concerne, d'un goût pour la norme?

YVES MICHAUD : Ah non! pas du tout! Ce qui m'intéresse, ce sont les procédures d'établissement des normes : prenons un autre exemple, pas du tout humien, et transposons toute l'analyse à l'apprentissage des passions et des sentiments. Au départ, les passions et les sentiments consistent en une pure réaction spontanée, affective, de quelqu'un à certaines situations en fonction d'un tempérament, d'une humeur, d'une histoire psychanalytique. Que se passe-t-il ensuite? On apprend. Il y a un apprentissage des bonnes passions et des bons sentiments, je ne parle pas en termes moraux, mais en termes d'apprentissage d'une passion qui devient ainsi non pas socialement acceptable mais socialement partagée. Je n'ai jamais eu le temps de mener ces travaux, mais j'ai toujours pensé que les traités des passions n'étaient absolument pas des livres scientifiques sur les passions mais des grammaires conçues pour apprendre à se civiliser. Dans ces nombreux traités des passions du XVIIe siècle (parce que, c'est fou, ils ont tous écrit sur les passions), on définit l'amour, la haine, l'envie, la jalousie, etc. Et on peut très bien mettre ceci en relation avec la procédure de civilisation des mœurs. On passe d'une société de gens encore assez « sauvages », par exemple sous Louis XIII, aux sentiments assez indifférenciés, et on leur apprend en quelque sorte les bonnes manières, à travers aussi bien les romans que les traités sur les passions. Je crois que c'est la même procédure que la procédure de la norme du goût. Mais si on pousse trop loin l'apprentissage de la norme des passions, on en arrive au langage conventionnel des passions. On passe par une espèce de jeu de langage. Si on va trop loin, on tombe sur les sentiments convenus exactement comme on tombe sur le conformisme en art.

Bernard Marcadé : Vous pensez donc que la pensée de Hume constitue toujours à cet égard un bon outil?

Yves Michaud : Un assez remarquable outil, d'autant qu'il y a toute une contrepartie dont je n'ai pas parlé. Finalement, toutes ces philosophies du goût correspondent, toute proportion gardée, à des changements dans le monde de l'art du XVIIIe siècle : les Salons, les premières galeries ouvertes au public, le début du déclin de l'artiste de cour, c'est-à-dire l'arrivée ou la montée d'un nouveau public, c'est-à-dire, finalement, des gens qui ont à élaborer des normes - leurs normes. Il faut bien voir que le retour à une problématique du goût correspond le plus souvent à la fin de normes académiques; il faut alors étudier comment le goût se « standardise », plutôt que se norme, le mot standard étant plus intéressant en anglais. On a l'expression française « le goût se standardise », pour le meilleur et pour le pire, dans les deux sens du terme, ce qui est intéressant : il se structure, se norme, se définit.

Bernard Marcadé : Vous pensez donc que notre époque (vous avez bien parlé ailleurs de notre époque, dite postmoderne, qui joue également de sa diversité, de sa multiplicité) est très proche de ce XVIIIe siècle; vous pensez qu'il y a des rapports à faire entre ces deux époques. La situation n'aurait-elle pas sensiblement évolué? Qu'est-ce qui aurait avancé cependant, ou bougé, entre la situation, disons des Lumières, et la nôtre?

Yves Michaud : Je ne parlerais pas en termes d'avancée mais je dirais que, structurellement par exemple, les changements que connaît le monde de l'art au XVIIIe siècle, à mon avis, sont, non pas analogues à ceux de maintenant, mais comparables : il y a l'ouverture à des nouveaux publics (voir le livre de Thomas Crow *Peinture et vie publique dans la France du XVIIIe siècle*); il est vrai que des gens qui n'avaient pas droit à la parole se sont mis à avoir la parole. On a ensuite l'apparition des critiques, puis des comptes rendus des Salons. Certaines personnes, au départ non qualifiées, le deviennent, et comment le deviennent-elles? Et c'est là qu'étudier une philosophie du goût revient à étudier la manière dont des qualifications se forment.

Aujourd'hui, c'est comparable quand on considère l'engouement pour l'art contemporain. Il est vrai qu'accèdent à l'expérience de l'art, dans des conditions qui souvent ne sont pas bonnes (mais peu importe, à la limite), des masses de gens qui n'ont pas forcément le discours ni les normes d'appréciation requises par le milieu traditionnel.

A quoi assiste-t-on alors? On assiste à la production d'une norme, à la production d'un discours standardisé, qui s'effectue entre autres à travers les grandes revues comme *Galeries Magazine, Beaux-Arts Magazine, Art Press,* etc. Ce sont des appareils à former la norme du goût, ils réalisent la standardisation du discours : chacun a son journal en quelque sorte, il y a des sous-groupes... Mais je pense qu'effectivement, le retour d'une problématique du goût, en tout cas pour moi, aujourd'hui, correspond à la fin d'une norme. Et en même temps doivent aussitôt se reconstituer, disons, des standards.

BERNARD MARCADÉ : Mais après Hume, il y a eu quand même, disons rapidement, Kant, Nietzsche,...

YVES MICHAUD : Je n'ai jamais rien compris à l'esthétique kantienne, alors...

BERNARD MARCADÉ : Donc, vous vous sentez très bien dans votre époque qui rejoue à sa manière une scène qui a été déjà jouée au XVIIIe siècle.

YVES MICHAUD : Oui. Tout à fait. Je me solidarise avec les gens des Lumières comme avec ceux de mon époque. Voyez la réflexion d'Adam Smith sur les sentiments : il a conçu une théorie des sentiments moraux qui est aussi une théorie de la standardisation des réactions morales. La question est, en ce qui concerne les passions, le goût, la moralité, de savoir comment se forment des procédures, et je crois que, sans pousser trop loin, l'on peut quand même s'amuser à spéculer. Comment par exemple penser la diversité, aujourd'hui, des évaluations morales, notamment quand on considère les problèmes auxquels on est confronté en termes de manipulation bioéthique par exemple? On est dans une situation qui nécessite la reconstitution de normes morales, et on voit se fabriquer sous nos yeux, plus ou moins facilement, plus ou moins explicitement, des normes de jugement. Comment un certain nombre de personnes développent-elles des normes qui vont être réputées ensuite de l'expertise? Je ne dirais pas que j'ai le goût de la norme, j'ai plutôt le goût de la manière dont s'ajustent, dont se forment les normes. Ce sont les procédures de standardisation qui m'intéressent beaucoup.

BERNARD MARCADÉ : Il y a une chose que vous avez bien nommée et qui se noue très fortement au XVIIIe siècle, c'est l'articulation entre l'esthétique et l'éthique. Hume lui-même avait du mal à se départir de ces deux données. Il me semble que quelqu'un comme Wittgenstein a développé cette réflexion en soutenant que l'éthique et l'esthétique ne faisaient qu'un.

Yves Michaud : Hume n'aurait sûrement pas dit cela. Du point de vue des mécanismes, c'est comparable, mais il faut être kantien pour dire que esthétique et éthique sont proches, qu'il s'agit d'un même caractère catégorique du jugement. Or justement, un jugement, une esthétique du goût ne peuvent jamais être catégoriques. Ce que j'ai dit, c'est qu'il n'y a pas d'expert absolu : autrement dit, une esthétique du goût ne peut pas être catégorique, mais en revanche elle peut être éclairée. C'est en fait le problème du critique qu'on retrouve ici. Un critique peut difficilement être catégorique, mais il peut être plus éclairé qu'un autre.

Bernard Marcadé : Donc c'est tout de même un éloge de l'expertise...

Yves Michaud : C'est un éloge de l'expertise.

Jacques Leenhardt : Dans ce que tu as développé apparaît très fortement cette dimension sociologique de construction, ce que tu as fort justement appelé « grammaire », c'est-à-dire l'apprentissage d'un langage qui permet de communiquer et de se situer au milieu des autres. Mais au début de ton exposé, tu avais laissé entendre qu'il y avait un deuxième versant de ce processus : celui du plaisir. Est-ce que tu lis le plaisir à l'intérieur du consensus, autrement dit : est-ce que le plaisir est une manière de s'inscrire dans une norme établie? Ou est-ce qu'il y a, comme d'autres esthétiques le laissent à penser, nécessairement différence? Je me réfère simplement à ce que Barthes dit du plaisir et de la jouissance, et en général à tout ce que l'avant-garde a proclamé sur ce sujet de la rupture nécessaire d'avec les normes. Là seulement est la source à la fois de la véritable œuvre et du véritable plaisir esthétique. Y a-t-il, soit dans la théorie de Hume, soit dans ta propre conception - puisque ton discours s'applique quand même aussi à notre actualité -, une aporie qui manifesterait la difficulté de penser les phénomènes esthétiques dans le cadre de la grammaire et du consensus ?

Yves Michaud : Je répondrai que la place du plaisir, au départ, relèverait du noyau en quelque sorte hypersubjectif et prénormé antérieur à la norme de la réaction esthétique, donc de l'élément psychanalytique. Cela dit, le destin de toutes les constructions de norme ou celui de toutes les règles générales est de pouvoir aussi donner source à des plaisirs très tordus. Il y a là toute une théorie de la perversité. Par exemple, il peut y avoir un plaisir à la norme relevant du plaisir au consensus : il tient au fait qu'on est plusieurs à être d'accord et qu'il y a une sorte de communication phatique qui s'établit entre les admirateurs, entre ceux qui admirent tel artiste ou tel type d'art. Ceci ferait partie des destins un peu pervers du plaisir.

Personnellement, je crois justement que l'expérience esthétique nécessite qu'on recoure à l'anthropologie. Les formes du plaisir sont extrêmement diverses. Ceci ne signifie pas qu'elles défient l'analyse, mais il faut être extrêmement subtil et reconnaître qu'il n'y a pas de théorie unitaire du plaisir esthétique, mais qu'en revanche il y a des formes multiples du plaisir esthétique en fonction des tempéraments. Je regrette toujours qu'il n'y ait pas une véritable psychanalyse des arts visuels. C'est pourquoi j'avais réalisé le numéro des *Cahiers du Musée national d'art moderne* sur Adrian Stokes. Et je regrette également qu'il n'existe pas des recherches sur les arts visuels, qui n'envisagent pas uniquement des histoires personnelles mais retracent une histoire des expériences primitives en quelque sorte. Mais les psychanalystes sont trop littéraires pour s'y intéresser...

JACQUES LEENHARDT : Même quand ils s'en sont occupés en littérature, ils ont versé dans l'histoire personnelle.

YVES MICHAUD : Voilà, c'est ça. Et c'est pour ça que j'ai porté autant d'intérêt à Stokes : parce que, bien qu'il soit parti d'une expérience personnelle, il est un des rares à avoir essayé une approche en termes non personnels de l'expérience esthétique. Quel type de rapport de jouissance se forme avec les œuvres, indépendamment de mon histoire à moi ? Ou : dans quelle mesure mon histoire à moi peut-elle être intéressante du point de vue des mécanismes qu'elle met en jeu ?

JACQUES LEENHARDT : Et lorsque tu dis catégorie anthropologique fondamentale, est-ce que tu ne retrouverais pas alors d'une certaine manière Kant qui, lui aussi, était à la recherche de grands schèmes fondamentaux permettant de comprendre ce qui était en jeu dans le jugement ?

YVES MICHAUD : Je ne veux pas donner une réponse trop ignorante, mais j'avoue que, quand j'étais jeune étudiant, je croyais comprendre la *Critique du jugement,* mais que je n'ai jamais pu admettre que « le beau soit ce qui plaît universellement sans concept ». Je n'ai jamais pu. Je n'ai jamais compris ce que ça voulait dire.

BERNARD MARCADÉ : Thierry de Duve va nous le dire !

YVES MICHAUD : Oui, certainement. La seule chose qui m'intéresse dans les *Critiques* de Kant, c'est qu'il place l'art de la couleur avec l'art des jardins, parce que cela veut dire qu'il dissocie la peinture du dessin (rires). Ou plutôt : il met la couleur avec la musique, avec les sons.

QUESTION DU PUBLIC : La partie qui me blesse, disons, est celle qui concerne le subjectif. S'il y a enracinement du subjectif à tous les moments de l'expérience, de l'enfance à l'âge adulte, et ce jusqu'à la fin, je ne comprends pas que votre système semble bouger vers une phase préparatoire de pré-norme esthétique, comme si cela se passait dans l'enfance et la petite enfance? Est-ce clair? L'ambiguïté de votre discours est-elle une équivoque que vous voulez garder?

Yves Michaud : Non. Simplement, je suis resté trop proche de Hume, et Hume s'exprime effectivement dans une perspective qu'on appelle génétique, c'est-à-dire lockienne en quelque sorte : il y a un début, des expériences originaires, on les développe, on les norme, etc. Il est bien évident que réellement cela ne fonctionne pas comme cela, puisque l'expérience esthétique originaire est toujours déjà médiatisée par des grammaires, ou ne serait-ce que par les parents... Donc il faudrait plutôt voir ça comme une source de pré-condition au sens logique : je préfère dire qu'il y a *quelque part* un noyau d'expérience sensible et de plaisir plutôt que de dire que c'est « au commencement ». Je ne crois pas que ce soit au commencement. Je n'accepte pas du tout une lecture génétique de Hume. Je dirais que c'est un philosophe des développements et des genèses. Tous les gens du XVIIIe siècle restent des philosophes des genèses. Mais, comme on sait, le commencement est introuvable.

Question du public : Comment prévenir, dans ce qui va se passer ici, comment prévenir ce glissement, ce mouvement, qui va bien souvent tenter de confondre esthétique avec un fondement préalable?

Yves Michaud : Oui, mais il faut garder quand même un peu de ce sens et le rapport : si on s'est mis à parler d'esthétique, je le crois avec Baumgarten, c'est pour parler de sensibilité. C'était une manière de « baptiser en allemand », si on peut dire, en allemand-grec, les philosophies du sentiment.

Question du public : Ce qui me gêne, c'est l'intervention de l'histoire de l'individu. Il faudrait essayer de dénoyauter ce subjectif, de ne pas le mettre seulement là où l'art n'est pas encore présent, disons par exemple le milieu familial défavorisé, etc. Voyez, les confusions sont toujours possibles.

Yves Michaud : Oui, mais vous savez, je fais partie de ceux qui croient (et ce n'est pas le directeur de l'Ecole des beaux-arts qui devrait dire ça), que dans la manière de mettre des napperons sur une télévision, il y a quelque chose d'esthétique (rires); c'est-à-dire que je fais commencer très loin, très bas, le comportement esthétique. Je suis partisan de l'art bas en même temps que de l'art haut (rires).

Les difficiles rapports entre la norme et le jugement

Maria Teresa Beguiristain Alcorta

La recherche d'une norme qui fonde le jugement dans tout domaine d'activité est un désir constant dans l'histoire de l'humanité. Un désir qui dans le domaine de l'esthétique et de l'art commence à être frustré à l'aube du XVIIIe siècle, précisément à la naissance de ce que l'on appelle aujourd'hui l'esthétique. Dès ses origines, l'esthétique naît avec de graves problèmes méthodologiques, sans parler de la critique qui, naissant au même moment, exagère jusqu'au désespoir les problèmes de méthodologie qui se posent à l'esthétique. On ne peut affirmer aujourd'hui que l'on a beaucoup avancé dans la résolution de ce problème, même si l'on peut ajouter que les termes dans lesquels on le pose sont beaucoup plus clairs. Cependant, afin que l'esthétique soit crédible, la nécessité triviale de certaines normes persiste, de même que persiste la nécessité, peut-être la sotte nécessité, en des domaines de connaissance et d'activité proches ou éloignés de l'activité esthétique et artistique, de ce qui est considéré comme objectif dans le jugement esthétique, dans le jugement critique d'attribution de la valeur artistique. Tant que la règle et le jugement ne se différencieront pas entre eux, et ne délimiteront pas leur état et leur valeur propres, personne ne pourra mettre de l'ordre et de la lumière dans ce chaos où la critique normale a l'habitude d'introduire ces thèmes.

Les questions que nous allons nous poser vont nous conduire obligatoirement à approfondir :
1. la possibilité et la définition de la règle.
2. la possibilité et les typologies du jugement.
3. le rapport entre la norme et le jugement, dans toutes leurs formes.
L'idée de norme esthétique nous ramène nécessairement à la philosophie du XVIIIe siècle. Jusqu'alors, les règles poétiques d'usage courant ne posaient pas de graves problèmes méthodologiques, parce que c'étaient, en général, des règles poétiques extraites de la pratique artistique, et grâce aux systèmes philosophiques sur lesquels elles se basaient.
Bien que, en ce qui concerne le contenu, le XVIIIe siècle ait été débiteur du XVIIe, l'époque des Lumières produisit une forme de pensée

philosophique totalement originale. Même lorsqu'elle élabore à nouveau des idées déjà existantes, ou bien qu'elle continue à construire son système de pensée à partir de fondations établies au XVIIe siècle, ce dernier système a une toute nouvelle signification et apparaît sous une nouvelle perspective. C'est la démarche de la pensée philosophique elle-même qui est vue sous un nouveau jour. L'Angleterre et la France commencent à détruire le système métaphysique, on a perdu la foi dans l'« esprit des systèmes » parce qu'on voit en ces derniers un obstacle au raisonnement philosophique. En renonçant et en s'opposant même à l'« esprit des systèmes » la philosophie des Lumières n'abandonne pas « l'esprit systématique », mais elle le développe d'une manière nouvelle et plus profonde. Au lieu de définir des axiomes immuables et des déductions à partir d'eux, le XVIIIe siècle veut une philosophie plus libre, il veut découvrir l'essence de la réalité dans l'action même de la découverte.

La philosophie n'est plus une substance intellectuelle isolée; elle présente l'esprit dans sa totalité, dans son caractère de recherche et d'interrogation, dans sa méthode et sa démarche cognitive essentielle. Le XVIIIe siècle situe à de nouvelles places tous les concepts et problèmes philosophiques qu'il emprunte au passé, et il leur fait subir un changement de signification très révélateur. « L'authentique nature de la pensée des Lumières, nous dit Cassirer, ... peut être perçue... dans le processus, là où elle doute et cherche en détruisant et en construisant[1]. »
La philosophie des Lumières découvre et défend avec passion l'autonomie de la raison, et elle l'établit avec fermeté dans le domaine de la connaissance, d'une manière si profonde que seulement à notre époque, deux siècles après, nous commençons à penser que cette autonomie de la raison n'est peut-être pas un axiome, un *a priori*.
Ces doutes au sujet de nos systèmes de pensée apparentent la philosophie contemporaine à celle des Lumières.
Cette dernière abandonne la méthode de la preuve et de la déduction pour adopter une méthode qui ne vient pas de la philosophie antérieure, mais de la science, c'est-à-dire l'analyse. La recherche de principes à partir des données de l'expérience. La méthode scientifique de Newton. La logique

---

1.
E. Cassirer, *La Philosophie des Lumières,* Agora, 1986, 450 p. (trad. Pierre Quillet).

des faits prend le pouvoir. L'esprit doit se laisser aller dans l'abondance des phénomènes et classer continuellement par rapport à eux. Il ne se perdra pas dans cette démarche, il y trouvera au contraire sa vérité profonde et sa norme. Ce n'est qu'ainsi qu'on peut arriver à la corrélation objet-sujet, vérité-réalité; on arrivera seulement ainsi à la correspondance entre ces deux concepts, condition de toute connaissance scientifique. On prend la physique de Newton et on la généralise, en considérant l'analyse comme l'instrument nécessaire et indispensable à toute pensée, en général.

Mais cette démarche conduit la philosophie des Lumières au total abandon de l'espérance d'arracher aux choses leur mystère ultime, de pénétrer dans l'absolu. Le pouvoir de la raison ne nous fera pas transcender le monde empirique, il nous permettra seulement d'être plus à l'aise en lui.

La raison est une espèce d'énergie, de force, qui ne se comprend que dans l'action et l'effet. Qu'est-ce que la raison et que peut-elle faire? On ne saura pas cela par les résultats mais plutôt par son propre fonctionnement, c'est-à-dire par son pouvoir de construire et de détruire. Elle dissout ce qui est simplement phatique, les données simples de l'expérience et toutes les croyances révélées, la tradition et l'autorité; et elle ne s'arrête que lorsqu'elle a analysé tous les composants les plus simples et les derniers éléments de la croyance et de l'opinion. De là l'abondant discours critique du XVIIIe siècle au sujet de l'art.

Le travail de construction viendra ensuite, la raison ne peut s'arrêter après le processus de démolition sans réorganiser ce qu'elle a dissous en une nouvelle structure, un tout authentique.

La raison, parce qu'elle élabore ces totalités avec ses propres règles, connaît la structure de son produit de façon totale.

L'esprit connaît ses structures parce qu'il est capable de les reconstruire à partir de l'enchaînement en une séquence des éléments premiers qui les composent. Le concept de raison est donc un agent et non un être.

Si nous voulons appliquer tout ce que nous avons dit à l'esthétique, nous pouvons adopter les textes de Hume comme un paradigme. Dans sa *Norme du goût*[2], il commence sa recherche en constatant « la grande

---

2.
D. Hume, *La Norma del Gusto y otros ensayos,* Ed. Peninsula, 1969, (trad. M.T. Beguiristain).

variété des goûts, ainsi que des opinions qui prédominent dans le monde », et, bien qu'une grande partie de cette variété puisse s'expliquer « par la nature même du langage », il lui semble naturel que nous cherchions une norme ou règle du goût avec laquelle il serait possible de réconcilier les divers sentiments des hommes, en pouvant en accepter quelques-uns et en condamner d'autres.

Le goût est maintenant cette corrélation entre l'objet et le sujet, entre la vérité et la réalité qui constitue la norme et qui se développera de façon empirique, par exemple par la comparaison entre les arts. Mais un des termes de cette relation, le sujet, est une partie variable et peu fiable pour l'établissement de la norme.

Nous sommes en train de tirer la norme d'une relation individuelle, en parlant par conséquent du goût de quelqu'un : « mon goût », « ton goût ». Pour arriver à être un homme de goût, on doit s'affiner dans l'observation et la comparaison « pratique » des œuvres d'art et éviter tout possible parti pris de l'esprit. Comme la corrélation vérité-réalité doit être unique, les variations dans les jugements doivent venir principalement des défauts dans la perception discriminatoire de ceux qui jugent. « Les principes généraux du goût sont uniformes dans la nature humaine : là où les hommes divergent dans leurs jugements, on peut en général noter un défaut ou perversion de leurs facultés. » Le sens du goût esthétique est semblable en tout aux autres sens, par conséquent ses critères ne sont pas purement subjectifs, c'est-à-dire qu'ils ne sont pas que l'expression de la fantaisie individuelle. Ce sont des généralisations au sujet du caractère des œuvres d'art que l'on considère universellement agréables. Une norme fondée sur l'expérience humaine est en tant que telle considérée comme absolue. C'est le plaisir esthétique qui nous dit dans quelles œuvres nous devons chercher la norme du goût, et la norme doit être formulée d'après le caractère des œuvres qui produisent ce plaisir. Hume s'en rapporte à une généralisation de « connaisseurs » dont les jugements seront prioritaires sur les autres. Le connaisseur familier de la perception et de l'analyse des qualités des objets - qualités que l'on peut parfois mettre en évidence -, les identifie, et cette identification est le premier pas vers l'établissement de la norme ou règle générale de l'art. Une personne peu sensible peut s'entraîner à percevoir ces qualités par l'étude des jugements d'une personne plus sensible que lui. Hume est donc convaincu que les désaccords de jugements critiques peuvent être réglés par une argumentation intellectuelle à partir de l'évidence, et, en ce sens, la critique ne sera pas simplement subjective, parce qu'elle peut être confirmée par l'analyse de l'œuvre concrète.

Les désaccords qui ne pourront jamais être réglés sont ceux qui découlent des préférences causées par le caractère, l'âge ou la culture, toujours d'après cet auteur. Peter Jones[3], qui note chez Hume un enchaînement causal perception-sentiment-jugement, placera la capacité d'éduquer du critique au premier chaînon. Le jugement particulier conscient fera varier notre perception de l'objet, changeant alors tout l'enchaînement causal, car, si cela ne se produit pas ainsi, aucun type d'argumentation ne fera varier la constitution de l'esprit ni n'affectera les jugements de valeur que l'on appliquera à l'objet et qui viendront, de façon causale, de la perception et du sentiment qui en découle. Nous faisons une affirmation empirique qui sera jugée vraie ou fausse d'après l'adéquation de l'objet observé au jugement. La norme de la raison consiste dans la correspondance avec les faits. Mais, dans nos jugements esthétiques, nous manquons de cette norme externe que possèdent les jugements phatiques. Ce que fait Hume, c'est traduire les jugements de valeur en jugements phatiques - les jugements du sentiment en jugements de la raison -, et il réduit la norme du goût à cette recherche de norme externe.

   Goût et critique ne peuvent être séparés, la critique se fonde sur le goût, et le goût se développe avec l'aide de la critique.
Sous le même concept de norme, deux formes de jugement sont maintenant associées; d'une part ce que nous pourrions appeler le jugement de valeur critique émis par l'homme de goût, ou, ce qui revient au même, par l'observateur qui a développé une compétence particulière dans la perception discriminatoire de la qualité des objets, et, d'autre part, les jugements de goût qui montrent les préférences de l'observateur, du critique. On donne ainsi au critère deux sens, il peut signifier une appréciation, mais il peut également signifier une désignation. Il inclut autant les processus complexes de la valorisation détaillée que la simple notion d'un jugement.
Mais le goût est en partie irrationnel, et les gens n'ont pas des opinions différentes dans leurs jugements des œuvres d'art pour la seule raison qu'ils les voient de façons différentes, mais également parce qu'ils donnent des valeurs différentes aux mêmes propriétés esthétiques. La

---

3.
Peter Jones, " Another look at Hume's views of Aesthetic and Moral Judgments ", in *Phil. Quarterly,* 1970, 20, p. 53-59 et 1971, 21, p. 64-68.

Norme du Goût n'a donc pas beaucoup de succès, mais les théories esthétiques continuent à chercher une norme comme critère de jugement, et les critiques eux-mêmes ont toujours besoin d'elle.

Si nous considérons maintenant notre siècle, on peut affirmer qu'au moins trois types de théories continuent à utiliser l'idée de norme, mais dans un sens plus restreint du terme.

Nous aurions d'abord ce que l'on peut appeler la « théorie institutionnelle », c'est-à-dire celle qui essaye de définir l'œuvre d'art, et dont les arguments sont généralisables. Ce sont généralement des arguments qui insistent sur le fait que nos idées de l'art et de la beauté sont dans une grande mesure socialement conditionnées. Bien que cette argumentation soit éloignée des principes du goût, les empiristes du XVIIIe siècle la comprendraient très bien. Nous pouvons voir une forme extrême de cette théorie dans George Dickie[4] qui ne définit l'œuvre d'art que dans un sens classificateur par des jugements formels : « Ceci est art. » Pour lui, une œuvre d'art est un *artefact* auquel on a conféré le statut de possibilité d'être candidat à l'appréciation d'un observateur qui agit au nom d'une institution sociale appelée monde de l'art. Il refuse de s'intéresser aux questions philosophiques qui naissent de l'interrogation sur la signification de l'art et de la beauté. On ne peut rien savoir d'autre, et on n'a pas besoin de savoir autre chose que la façon dont la société dans laquelle nous vivons applique le terme d'« art » à travers la voix de ses porte-parole officiels dans le monde de l'art. La définition se réduit à sa forme : une œuvre d'art est un *artefact* quelconque que le monde de l'art nomme « œuvre d'art ». Tout se réduit au monde de l'art, à ses décisions et à ses définitions valorisantes.

L'idée essentielle est que l'art est une forme de valeur. Art et valeur ne peuvent être séparés, bien que cela ne veuille pas dire qu'il n'existe pas d'œuvres mauvaises ou sans valeur. Ce sont des théories incontestables, mais il y a en elles un intérêt évident pour le divorce entre la norme et le goût.

Une deuxième modalité serait la ou plutôt les théories de l'expression artistique qui indiquent que la caractéristique essentielle des

---

4.
G. Dickie, *The Art Circle,* New York : Haven, 1984. *Aesthetics,* New York : Bobbs-Merrill, 1971, p. 98-108. " Defining Art ", in *American Phil. Quarterly,* 1969, 6, p. 253-256.

œuvres d'art est leur capacité à exprimer des émotions ou des états affectifs. Le pouvoir d'expression devient le critère général de l'excellence artistique montrée généralement à travers une analogie avec le langage. Depuis Croce[5], on débat au sujet de la signification du terme « expression », mais quelle qu'en soit la variante, ces théories se basent toujours sur l'idée que le jugement esthétique affirme le pouvoir de communiquer des œuvres d'art avec précision les états affectifs, et que sa justification réside dans la réponse affective de celui qui juge.

Il ne me paraît pas opportun de nier l'importance du facteur expressif dans l'expérience esthétique, mais en ce qui concerne le jugement, ces théories se situent ouvertement dans une position antikantienne si nous prenons en compte l'idée kantienne de séparer le plaisir esthétique du plaisir sensuel et de la satisfaction du plaisir pour pouvoir parler d'un jugement esthétique intersubjectif minimement valable. Au point de vue du jugement et de la norme, l'objection principale à ces théories réside dans le fait que les affects sont privés et inaccessibles au discours public, et par conséquent peu propices à l'argumentation. La norme d'expressivité est une norme subjective qui appartient au domaine des préférences.

Il existe finalement un troisième type de théories qui, en restant fidèles aux idées de Kant sur l'unité organique et sur le caractère cognitif de la perception, établissent une certaine norme fondamentale pour l'émission de jugements critiques valables.

La perception artistique se différencierait des autres modes de perception par l'attitude mentale que prend l'observateur : perception désintéressée, attention à l'objet perçu par le simple acte de perception sans que l'intérêt théorique, l'utilité ou le plaisir qu'un tel objet peut avoir aient d'importance. L'objet est appréhendé comme une unité de perception complexe qui n'est pas formée intellectuellement d'unités plus petites.

En somme, une perception synoptique qui, à cause de sa complexité d'appréhension, excite notre capacité de perception et d'attention à un

---

5.
Benedetto Croce, *Estética come scienza dell' expressione e linguistica generale*, Bari: Laterza, 1902, (trad. de H. Bigot, *L'Esthétique comme science de l'expression et linguistique générale*, Paris, Giard et Bière, 1904). René Huyghe *L'Art et l'âme*, Flammarion, 1987, 380 p. Alan Tormey, *The Concept of Expression*, Princeton : University Press, 1971.

niveau beaucoup plus intense que celui des besoins ordinaires de la vie. Le plaisir éprouvé n'est que celui qui découle de l'exercice même de nos facultés et en tant que tel, il est extérieur à l'appréhension elle-même.

Comme dans Kant, la validité intersubjective du jugement critique est fondée sur l'exercice de nos facultés cognitives d'appréhension et de perception. On peut prendre cette attitude face à n'importe quel objet, c'est la raison pour laquelle on a besoin d'une norme ou caractère commun et spécifique des œuvres d'art, comme on la nomme parfois. Tous les objets, d'après ces théories, ne seront pas également propres à soutenir notre intérêt et à exercer nos capacités de perception. Cette qualité commune ou norme est l'unité organique, et les jugements basés sur l'appréhension de ces totalités peuvent être raisonnablement considérés comme des jugements de valeur intersubjective universelle puisqu'ils s'exercent sur une faculté d'appréhension cognitive.

Au milieu du XXe siècle, nous avons un théoricien, Harold Osborne[6], qui, comme le fut Hume, peut être pris comme un paradigme de la recherche de la norme esthétique dans ce type de théories postkantiennes. Tout au long de ses écrits, cet auteur s'efforce de démontrer la cohérence de la recherche d'une qualité commune et spécifique à toutes les œuvres d'art, et rien qu'à elles, et l'utilité de la définition de cette qualité pour une critique normative dans l'émission de ses jugements.

En suivant cet auteur, nous pourrions dire en premier lieu que, lorsque le critique compare diverses œuvres d'art du point de vue de leur valeur en tant qu'œuvres d'art, il doit utiliser une norme de comparaison intégrée au critère qu'il utilise pour juger les œuvres d'art en tant que telles. Les artistes et les critiques les plus intuitifs dépendraient même pour leurs travaux d'un ensemble de normes empiriques qui s'incarnent dans des attitudes et des aspirations.

Par conséquent, tout jugement d'approbation ou de refus impliquera un principe général ou norme de la valeur, ou bien en dérivera.

6.
Harold Osborne, *The Art of Appreciation,* Oxford University Press, 1970, cap. 1. " Organic Unity Again ", in *British Journal of Aesthetics,* 1978, 16, 3, p. 210-216. " Some Theories of Aesthetic Judgment ", in *British Journal of Aesthetics,* 1979, 38, p. 135-144. " Taste and Judgment in the Arts ", in *Journal of Aesthetic Education,* 1971, 5, p. 13-28.

De nombreuses différences dans les jugements ne sont que l'expression des associations d'émotions d'une histoire personnelle, ce qui arrive souvent dans les jugements de personnes qui ne sont pas habituées à la perception de l'art et qui, pour cette même raison, généralisent leur activité sans la différencier de celle du critique. Dans cette version, la référence à un genre d'observateur compétent est implicite.

On considère généralement que la norme générale du goût peut être affinée par une pédagogie appropriée, mais le goût populaire dépend dans sa majorité des intérêts commerciaux (économiques) du monde de la propagande, à cause du pouvoir de diffusion des mass media.

Et, dans ce contexte, bien que l'usage que l'on fait des jugements esthétiques implique l'existence du bon et du mauvais goût, on n'accepte pas, cependant, l'existence d'un expert en bon goût. Une enquête sommaire nous montrera que peu de gens assument le bon goût, mais, en même temps, personne n'acceptera que son goût soit mauvais, sauf dans des positions un peu snobs.

La question, donc, n'est pas dans le goût et la norme, mais elle est d'arriver à établir cette dernière par la généralisation de jugements émis par des experts en perception esthétique. L'expertise se différencie du goût, et un vernis de bon goût ne confère pas automatiquement à l'observateur une augmentation de son pouvoir de perception. Convertir la capacité de valoriser les œuvres d'art en une expertise (c'est-à-dire en une compétence acquise grâce à l'expérience) revient à nier le jugement en tant que simple expression de préférences personnelles, de goût ou de dégoût individuels. Bien que le goût personnel puisse être associé au jugement de valeur, ce dernier ne se résume pas au simple jugement de goût personnel. C'est dans ce sens que toute œuvre d'art a besoin d'un observateur compétent qui arrive à la reconnaître correctement. En fait, l'existence de l'œuvre d'art en tant que telle dépend de cet observateur compétent.

Il est vrai que certains critiques admettent que les jugements critiques les plus profonds sont incapables d'échapper aux modes variables du goût, empêchant ainsi tout espoir d'atteindre un résultat. On entend également ces critiques dire qu'ils sont des hommes comme les autres, et que, par conséquent, leurs jugements ne sont pas infaillibles, ou bien que l'on n'est pas un critique idéal si l'on prétend être la voix impersonnelle de la vérité. Mais toutes ces positions proclament une inspiration qui les conduit à l'objectivité du jugement, un jugement qui, bien qu'il n'atteigne jamais la vérité ultime, peut être affirmé valable en tant que but ou idéal.

Osborne fera à ce sujet une distinction entre le critique et le simple commentateur d'art. Une distinction très utile pour éclairer les problèmes entre le goût et le jugement, à ce niveau théorique où l'on ne désire pas valider le jugement en faisant nécessairement appel à la norme. Ainsi, il est certain que la critique n'admet jamais que ses jugements soient automatiquement discrédités s'ils ne sont pas conformes au goût majoritaire du moment. Il est certain aussi qu'en prédisant le goût, les commentateurs d'art exercent une influence sur lui, se convertissent en créateurs et modeleurs du goût.

Par conséquent, alors que le critique dit avoir le droit de diriger l'appréciation, c'est en fait le commentateur, et non le critique, qui possède une plus grande influence sur le goût du public.

Celui-ci, en outre, est en général plus intéressé par ce qui lui donne du plaisir que par ce qui possède un principe abstrait excellent mais qu'il peut ne pas comprendre. C'est sans doute la notion hédoniste d'excellence artistique qui justifie le commentateur, en éliminant toute critique qui n'est pas qu'un simple commentaire. Il ne fait aucun doute que l'hédonisme esthétique exprime mieux qu'aucune autre théorie le caractère de l'époque, et on ne peut nier que, parmi les multiples fonctions que l'on a données à l'œuvre d'art, une des plus populaires soit celle du divertissement.

Le public travaille pour avoir le droit aux loisirs, et, pour rendre ces loisirs tolérables, il a recours au divertissement, l'art étant un moyen de divertissement chaque jour plus populaire. Mais abandonner le goût aux commentateurs d'art ne libère pas le critique de cette nécessité, qu'il assume parfois, de juger d'une façon valide sans se référer à la norme. Pour rendre cela plus clair, Osborne résume à trois les moyens courants de parler aujourd'hui du jugement critique.

La validité de deux d'entre eux et le refus du troisième, considéré comme faux, lui permettront de considérer la possibilité de principes esthétiques explicites pour la pratique de la critique, puisque seule leur confusion fait que cela paraît impossible.

Par le premier, nous considérons qu'un critique est avant tout et surtout quelqu'un qui intègre une œuvre d'art dans sa propre expérience - et son jugement critique ne sera valable que s'il a intégré complètement l'objet.

Un corollaire à cette affirmation consisterait à observer que tout critique doit valoriser des œuvres d'art, mais que tout amateur d'œuvres d'art ne possède pas les qualités d'un bon critique.

Par le deuxième, on doit considérer qu'il est dangereux de permettre l'intrusion de considérations théoriques dans l'acte d'appréciation. Les croyances et les normes théoriques doivent être mises de côté afin de rendre possible la réalisation parfaite de l'acte d'appréciation, mais dans ce dernier, quel qu'il soit, se trouvent sous-jacentes les normes du jugement ou au moins une idée minimale de l'excellence artistique qui agit sur l'appréciation - et c'est précisément cela qui constitue l'indice de la théorie ou norme du jugement.

Par le troisième, on considère que les jugements de valeur critiques n'impliquent pas l'affirmation d'une œuvre d'art selon une norme d'excellence artistique, mais qu'ils sont la formulation directe d'un *datum* immédiat de l'expérience. Cette dernière considération est la fausse formulation qui permet d'envisager la possibilité d'un jugement critique qui ne serait basé sur aucune norme.

Pour Osborne, tout jugement critique, sans aucun doute, se base sur l'expérience immédiate des œuvres jugées, et la valeur de ce jugement dépendra directement de l'appréciation de la perfection de ces œuvres dans l'expérience propre, mais il n'est pas, et ne doit pas être, une divulgation immédiate de l'expérience de l'appréciation. Il doit être plutôt une réflexion *a posteriori* sur cette expérience. Et la réflexion possède, sans aucun doute, ses normes. L'existence de la norme n'est donc pas seulement possible, elle est même nécessaire si nous voulons que nos jugements critiques aient une valeur ou une signification.

Pour résumer, lorsque nous parlons du jugement de goût, nous pouvons établir une analogie entre le goût et la prédilection pour des œuvres d'art déterminées et la prédilection envers certaines personnes que nous considérons comme nos amis, une analogie entre l'amour de l'art et l'amour humain. Osborne et Dufrenne utilisent par exemple cette analogie à partir de contextes théoriques différents. Parmi les œuvres d'art, celles que nous préférons nous attirent par une sorte de sentiment de familiarité, comme nos amis, sans que cette familiarité nécessite obligatoirement une longue connaissance de l'objet (ou de la personne). Une attraction particulière d'objets et de personnes qui n'a pas une origine rationnelle. Le goût repose sur le sentiment et non sur la raison, et ceci a deux conséquences. Premièrement, bien que nous puissions reconnaître quelques particularités des œuvres en argumentant nos préférences pour elles, ces œuvres nous plaisent en tant qu'objets uniques, individuels. Ceci est démontré par le fait que d'autres objets (personnes) ayant les mêmes particularités ne nous attirent pas ainsi. La seconde conséquence est que le jugement de goût, ou préférence pour un objet, n'implique pas, comme dans le cas du jugement critique, un jugement de valeur. Le vocabulaire que nous utilisons lorsque nous parlons de nos préférences n'implique aucune valorisation.

Le goût doit être justifié par les valeurs non artistiques des objets. Dans nos rapports avec les arts, nous sommes parfaitement conscients que les œuvres qui nous plaisent le plus ne sont pas nécessairement les meilleures, ni même les meilleures dans leur genre, mais en tant que professionnels nous savons mieux que personne qu'aimer n'est pas juger. Un mauvais poète peut nous plaire beaucoup, même si nous ne pouvons valoriser esthétiquement son travail.

C'est au fond une différence d'attitude face aux œuvres, et ce qui est évident pour le critique ne l'est pas pour le non-spécialiste qui nous écoute et qui peut (il le fait souvent) mélanger les deux attitudes en prenant la déclaration de préférences personnelles (qui ne nous parlent que de la biographie de l'émetteur de ces goûts) pour les vrais jugements de valeur. Dans le cas d'un jugement de valeur, le critique mobilise toute l'habileté de son intelligence et de sa sensibilité, et toute la richesse de sa longue expérience, en effaçant sa personnalité, ses préférences, en s'écartant de ses goûts, en définitive, pour pouvoir intégrer ce que l'œuvre présente à notre perception, sans l'intervention du sentiment ni de la raison. Exactement le contraire de ce que nous faisons quand nous nous abandonnons à la jouissance de nos objets de prédilection. C'est pour cela que dire qu'un poète aurait été meilleur s'il n'avait pas cédé à un excès de bon goût peut avoir un sens, comme dire qu'une œuvre d'art est mauvaise parce qu'elle est de mauvais goût ou bonne parce qu'elle est de bon goût n'a pas de sens. Sans oublier que les affirmations de bon goût comportent parfois un caractère de type éthique ou circonstanciel impropre à un jugement de valeur. Des attitudes différentes nous font percevoir des objets différents, car nos intérêts se focalisent sur des choses différentes, et, à cette fin, nous sélectionnons des ensembles de perception différents. De plus, le parti pris des préférences ou le développement du goût ne nous procureront pas une augmentation de notre capacité de perception. C'est pour cela qu'aujourd'hui encore nous pouvons considérer comme vrai l'aphorisme « *de gustibus non est disputandum* ».

Mais comme il est question d'attitudes, nous devrons rechercher quelle est l'attitude appropriée à l'émission de jugements de valeur. Celle-ci consiste à prendre en compte la capacité de l'œuvre d'art d'étendre et d'approfondir notre compétence, et par conséquent c'est l'attitude qui s'intéresse à la qualité de l'expérience de l'art.

Dans cette deuxième attitude envers l'art, l'analogie se poursuit. Nos contacts avec l'art ressemblent à nos contacts avec le reste de l'humanité. En nous mettant devant une œuvre d'art pour l'apprécier, nous disciplinons notre attention et notre imagination, et nous nous laissons totalement dominer par l'œuvre. Notre finalité est celle de l'expérience elle-même, l'expansion de la conscience qui signifie les contacts avec l'art et l'enrichissement de la personnalité qui en découle.

Notre finalité n'est pas de juger une œuvre, elle est d'en jouir et de l'appréhender. Mais dans cet acte immédiat d'appréciation, le jugement est presque inévitable, et si notre intention première n'est pas forcément de juger, nous le faisons, même si c'est de manière inconsciente. Nous rencontrons d'autres personnes pour le simple plaisir de les connaître, en élargissant et en diversifiant notre connaissance de la nature humaine, et pour l'enrichissement de la personnalité que suppose un tel échange. Nous n'allons pas vers les autres pour les juger, mais le jugement est là. De façon consciente ou inconsciente, presque sans pouvoir l'éviter, nous nous faisons une opinion de l'ami dont nous avons fait la connaissance; il en est de même avec les œuvres d'art. Nous les évaluons - peut-être de façon tacite et non structurée - par comparaison avec d'autres œuvres semblables et par rapport à l'art du passé. Ces jugements, implicites ou explicites, se forment inévitablement dans notre esprit à la suite de l'acte d'appréciation. Dans ces deux attitudes, ces deux types d'appréciation, il y a un élément concomitant mais qui n'est pas inhérent à la perception elle-même, qui est le plaisir indifférent au type de relation - avec l'art ou avec les humains - que nous établissons. L'accomplissement ou la satisfaction qui suivent l'appréciation sont ou peuvent être également concomitants. Mais toutes ces concomitances dévient notre attention de l'objet, par conséquent c'est là que finit notre analogie entre l'amour et l'art.

L'évaluation esthétique affirme une qualité intrinsèque à l'expérience, et en cela réside la particularité qui définit la distinction entre l'évaluation esthétique et la valorisation au moyen de critères objectifs : le problème consiste en définitive à différencier l'acte d'évaluation, qui est un élément tacite de notre appréciation, de l'acte de juger ou de donner du mérite en plaçant l'objet sur une échelle de valeurs.

Dans le premier cas, il s'agit de mesurer intellectuellement un objet avec des jugements standard de la catégorie à laquelle il appartient, sans nécessité d'une attribution de valeur. Dans le deuxième cas, nous attribuons de la valeur à une œuvre dans la mesure où elle est capable d'alimenter notre expérience esthétique, et la valeur intrinsèque que nous accordons à cette expérience est la justification ou la cause de la valeur accordée à l'œuvre capable de l'offrir et de l'alimenter.

Il n'existe donc qu'une seule caractéristique importante des jugements esthétiques qui les différencie d'autres jugements, et elle réside dans le fait qu'ils doivent se faire à partir de la perception discriminatoire. La capacité de perception ou d'appréciation est une compétence cognitive, un exercice délibéré de la faculté d'appréciation. Tout nous ramène donc à l'analyse de l'expérience esthétique et à son caractère d'autosatisfaction.

Il y a d'autres manières d'aborder ce thème, car les difficiles rapports entre la norme et le jugement se reflètent à chaque étape de l'histoire de la relation entre l'esthétique et la critique. On peut aussi analyser le problème du point de vue du rapport avec la définition subjective-objective du concept de beauté. Personne n'échappe à la tentation d'appeler « beauté » le critère normatif de l'esthétique, quelle que soit sa forme.

Mais quelle que soit la voie choisie, toutes les questions que nous nous posons sur le rapport entre la norme et le jugement nous conduisent à la recherche de la possibilité d'affirmer l'existence d'un jugement sans la nécessité de la norme. Cela ne semble possible que si nous éliminons l'idée de valeur des jugements critiques, et si nous les convertissons en simples descriptions. Mais cela ne paraît pas plausible si nous observons que l'usage même du langage par la critique conduit le critique d'art à placer l'objet d'art dans une coordonnée axiologique, par le seul fait d'appeler l'objet : objet d'art.

Si nous ne voulons pas, donc, vider les jugements critiques de toute signification et vider les critiques eux-mêmes de toute fonction, nous n'avons pas d'autre choix que d'insister, que cela nous plaise ou non, sur la possibilité de la norme du jugement.

Avons-nous réellement progressé au cours de ces deux derniers siècles? J'ai bien peur que non. Même si l'analyse philosophique des problèmes est beaucoup plus minutieuse, et plus claire, la relation entre la norme et le jugement esthétique continue à poser les mêmes problèmes méthodologiques et continue à nous ramener, en dernière instance, à la figure du critique, du connaisseur. Quelles que soient la description et la fonction qu'on lui attribue, nos théories nous ramènent toujours à l'homme individuel et à son goût-critère.

Et j'ai bien peur que, tant que l'esthétique ne sera pas capable de résoudre cette relation problématique, le critique continue à être perdu dans la recherche de sa norme de jugement, montrant le seul titre qui, pour le moment, puisse rendre valides ses jugements, c'est-à-dire sa propre activité critique.

Débat

Modérateur : **Bernard Marcadé**

Bernard Marcadé : Vous avez poursuivi, au fond, le questionnement d'Yves Michaud, à partir d'un autre point de vue de Hume. Vous avez fait des distinctions très savantes entre le jugement de goût, le jugement critique, l'amour, le jugement, et, à la fin de votre communication, entre l'appréciation et la valorisation. Vous arrivez cependant au même résultat. Pour Yves Michaud, c'est le point de vue de l'expert, pour vous, c'est celui du critique, qui, en dernière instance, reste déterminant en matière de jugement esthétique. Peut-être y-a-t-il des questions?

Lucien Stéphan : Comme je suis à Rennes, capitale de la Bretagne, et que je viens de Nantes, je vais pouvoir me permettre de jouer les paysans du Danube. Il y a beaucoup d'idées que j'ai du mal à appréhender parce qu'elles relèvent de ce que j'appelle l'esthétique spéculative, c'est-à-dire que l'on commente un philosophe qui a fait de l'esthétique par un autre philosophe qui a fait de l'esthétique et, que l'on ne parle jamais des œuvres d'art.
Deuxième point, je voudrais savoir exactement ce qu'est un critique. Par exemple, la question est posée de la relation entre le critique et l'esthétique. Je suis philosophe de métier, mais j'essaie de ne pas être impérialiste. Les philosophes ont tendance à subordonner nécessairement l'activité du critique à celle du philosophe, puisque le critique serait en quelque sorte invalide ou manchot tant qu'il n'aurait pas une esthétique. Mais en contrepartie, c'est le dénominateur commun aux deux exposés que nous avons suivi, il faut bien convenir que le philosophe est incapable de fonder l'activité du critique. Alors je voudrais revenir à des questions plus simples, à des questions posées avec des gros sabots : à quoi sert le critique, qu'est-ce que le critique fait, que l'esthéticien ne peut pas faire?

Maria Teresa Beguiristain Alcorta : Pour moi, l'esthétique est philosophie de l'art et méthodologie. Et la critique est une valorisation de l'objet d'art. Il n'a aucune valeur. En général, je suis d'accord sur le fait que les philosophes mettent les critiques « sous » eux parce qu'ils ont besoin de norme esthétique pour juger. Mais je ne suis pas d'accord sur le fait que le philosophe soit plus important que le critique. C'est-à-dire que le philosophe a aussi besoin du discours critique, et c'est donc une relation « bi-univoque », pas univoque, mais « bi-univoque » entre les deux. En général, les philosophies empiriques commencent par l'étude des écrits théoriques des critiques. Il s'agit donc d'une analyse des écrits critiques. Je pense que l'esthétique est fondamentale pour la critique parce qu'elle lui donne ses fondements théoriques. Elle est donc tout à fait indispensable. Et, de plus, la fonction du critique est très diverse et comporte beaucoup d'aspects. Il ne s'agit pas simplement de juger, il s'agit aussi de promouvoir, de faire connaître, etc. Il y a toute une série de fonctions qui ne sont pas la fonction critique.

JACQUES LEENHARDT : Ce qu'on a pu percevoir dans les deux exposés, celui d'Yves Michaud et celui de Maria Teresa Beguiristain, c'est que le discours philosophique sur la question de la norme cherche à échapper à deux abîmes. L'un, qui est celui de la subjectivité, l'autre, celui du consensus et de l'établissement social des normes. Ce qui nous a été proposé, c'est une théorie médiane qui est nécessairement en quête d'un état intermédiaire entre le mutisme ou l'aphasie du sujet (car le sujet, dans sa jouissance personnelle, n'a pas immédiatement à sa disposition un discours communicable sur cette jouissance) et un hyperdiscours socialisé émanant des préférences culturelles telles qu'elles sont établies dans la société. Ce discours médian promeut, à la suite de Kant, le niveau cognitif au centre du dispositif artistique. Le niveau cognitif est en effet intermédiaire entre la pure subjectivité et la pure universalité du discours socialisé. Sur ces présupposés se construit alors une machine quelque peu théâtrale, dans laquelle interviennent les duettistes que sont le critique et le commentateur.

Le critique est celui qui transporte de son socle philosophique et aménage ce discours, lequel se présente dès lors comme une forme intermédiaire raisonnée. Ce discours est un travail de la raison, une analyse des éléments constitutifs de l'œuvre, l'essai de tirer de la complexité même de l'œuvre la preuve de sa qualité. Le commentateur, lui, est celui qui s'inscrit dans une perspective hédoniste, la sienne propre comme celle de son lecteur, qui donne d'abord son jugement et dit : moi, j'aime ceci, moi je n'aime pas cela. Ce discours, du point de vue d'Osborne, est un jugement dévalué, car il n'est pas argumentable. En revanche, pour être dévalué du point de vue d'une théorie de l'art, il n'en a pas moins une qualité : celle d'être plus efficace.

Donc, si on s'en tient à cette typologie sommaire, d'un côté on a un meilleur discours mais sans efficacité, le discours critique, discours qui se réfère à la couche cognitive du langage et à une appréhension cognitive de l'œuvre d'art; de l'autre, on a le commentateur avec sa perspective hédoniste, qui va au-devant du besoin spontané de jugement qu'on trouve dans le public, jugement qui fondera la décision pratique du public et satisfera donc à terme sa volonté de divertissement. Se répète donc, à l'intérieur du même discours, cette dualité qu'on avait déjà vue à l'œuvre chez Yves Michaud et dans la première partie de l'exposé de Maria Tesera Beguiristain.

Ayant situé le type de difficultés devant lequel se trouve nécessairement notre colloque, puisqu'il s'est donné exactement ce type de problèmes pour objectif, ma question est la suivante : faut-il vraiment s'en tenir à ce niveau de perspective sur la question de l'art? Sommes-nous condamnés à voir les deux approches se regarder en chiens de faïence? N'avons-nous pas d'autre alternative que d'essayer de « tricoter » entre ces deux dimensions une espèce de voie, encore une fois intermédiaire, qui serait l'« habileté » propre du critique, un subtil équilibriste qui passerait de l'hédonisme au cognitif avec un maximum de légèreté? Ne faudrait-il pas carrément, au contraire, renverser le problème et repartir des œuvres telles qu'elles existent et produisent des effets pour des sujets donnés, et non pas sempiternellement les interroger par rapport à des normes de discours? Autrement dit, ne vaudrait-il pas la peine de se poser la question de l'efficacité de l'œuvre, et de voir comment une société, ou divers fragments d'une société, à un moment donné, construisent différents discours qui se répondent les uns aux autres et qui, ensemble, constituent l'art et sa fonction. Cela poserait alors la question de la philosophie de l'art du côté des efficacités symboliques. Une philosophie de l'art qui affronterait véritablement ce problème de l'efficacité, et donc de la fonction de l'art à l'intérieur d'une culture, renverrait judicieusement à l'interrogation qui point chez Barthes lorsque, au discours se développant sur le *studium,* il demande, sinon de substituer, du moins d'ajouter les questions ouvertes par ce qu'il appelle le *punctum,* c'est-à-dire l'effet. Ce serait une manière de renverser la problématique, pour sortir de ces jeux d'opposition où finalement je n'ai pas, à la lecture des ouvrages de philosophie esthétique, le sentiment que l'on parvienne à réconcilier l'antagonisme posé d'emblée par les concepts eux-mêmes de l'expressif subjectif et du sens (ou consensus) collectif.

      Bernard Marcadé : Je crois qu'il serait préférable de laisser la réponse pour demain.

La place de l'œuvre d'art
dans le discours philosophique

Christine Buci-Glucksmann

Birgit Pelzer

L'Idée et la manière, frontières de l'esthétique

Christine Buci-Glucksmann

« Il existe des formes qui sans être la philosophie, c'est-à-dire sans être la réponse à cette question virtuelle, et sans être virtuelles - c'est-à-dire sans être à même d'être question - ont néanmoins l'affinité la plus profonde avec la philosophie, ou plutôt avec l'idéal de son problème... ce sont les oeuvres d'art » (W. Benjamin).

Un tel rapport d'affinité, de résonance mutuelle, ne présuppose-t-il pas au départ une non-identité, un jeu de différence et de proximité, qui met en cause le rapport traditionnel du discours philosophique comme lieu d'une vérité situant l'art dans une hiérarchie ontologique? Que ce soit le simulacre platonicien, la mimésis aristotélicienne, ou l'« apparence vraie » selon Hegel. En cela, c'est toute la place de l'oeuvre d'art du point de vue philosophique où, comme l'écrit Hegel, « l'Idée et la représentation se correspondent d'une façon conforme à la vérité », qui se trouve perturbée.

Si l'oeuvre d'art a quelque chose à voir avec la philosophie, ce n'est pas en vertu de la systématicité du vrai, ni même en raison d'un pouvoir universaliste de *réfléchir sur*. Tout au plus, l'art donnerait une phénoménalité à la logique paradoxale du discours philosophique, à sa question ou à son idéal, comme l'écrit W. Benjamin. Paradoxe très longtemps formulé dans l'idée même de beauté : « devant tout ce qu'on appelle à juste titre beau, il semble paradoxal que cela apparaisse[1] ». Un tel apparaître ne relèverait pas de l'idée de vérité comme *dévoilement* au sens heideggerien du terme, mais d'un tout autre processus « que l'on pourrait désigner analogiquement comme *l'embrasement du voile* entrant dans le cercle des Idées, un incendie à l'œuvre, où la forme atteint son plus haut degré de lumière[2] ».

1.
Sur ce statut paradoxal de l'apparaître et sur les « Images de pensée »,
cf. Rolf Tiedemann, *Etudes sur la philosophie de Walter Benjamin,*
(trad. de Rainer Rochlitz), Arles : Actes Sud, p. 55 et suivantes.

2.
Origine du drame baroque, Paris, Paris : Flammarion, p. 28.

Cet incendie, ce suspens de l'Idée, fige magiquement le sens, le confrontant à l'in-sens, à l'insignifiant, en une sorte de constellation et d'appel où l'Idée n'existe que dans et par ce qui lui échappe et la constitue, la *manière*. Aussi, des « images de la pensée » de Walter Benjamin aux « Idées esthétiques » de Kant et à l'*Idea* maniériste, il y aurait bien dans l'art quelque chose qui pense et ne se donne jamais sur le mode de la représentation ou du concept. Quelque chose de plus spectral, de plus « fantomal », perceptible par cet « oeil de la pensée » dont parle Hamlet. La « vérité » ne préexiste jamais à l'oeuvre, mais elle se manifeste plutôt dans une torsion du sens mettant à mal le statut classique de la critique et de l'interprétation. L'art ne transfigure pas les choses en les « sublimant », et s'il ensorcelle la forme, c'est pour mieux « faire du chaos un univers ».

La manière serait cette relation inédite entre une Idée aussi réelle qu'impossible à atteindre et cet « incendie » de la forme qui en fait une étrange « *cosa mentale* ». Mode, modulation, théâtre d'opérations sur des formes et mise en éclats du langage, la manière dessine les conditions « transcendantales » d'une esthétique modale proche du « défi de la complexité » des scientifiques. Mieux, elle désigne l'aporie et le paradoxe propres à toute approche « esthétique » de l'art, en des termes voisins de ceux qu'employait Gilles Deleuze à propos de son travail sur le cinéma : « La tâche de la critique, c'est de former des concepts, qui ne sont évidemment pas " donnés " dans le film et qui pourtant ne conviennent qu'au cinéma, à tel genre de films, à tel ou tel film[3]. » Entre l'art et la philosophie peut alors s'établir une passerelle de résonance musicale ou d'affinité figurative, qui les rend toutes deux inventives.

C'est ce parcours entre l'Idée et la manière, cette affinité de la pensée et de l'art que je me propose de redéployer en *flash back,* de Kant à sa naissance maniériste, en une sorte d'anamnèse du paradoxe esthétique.

I. Le « tournant » kantien : L'Idée et la manière

Que la situation de l'oeuvre d'art ne relève pas d'un jugement cognitif par concepts, tel est sans doute le tournant de l'esthétique

---

3.
Gilles Deleuze, *Pourparlers,* Ed. de Minuit, *cf.* : « le philosophe est créateur, il n'est pas réflexif », p. 166.

kantienne, qui la livre à ce qu'Adorno appelait « ses oxymorons ». Car, comment juger sans règle, de manière universelle, à partir d'une forme toujours singulière, sinon par ce mouvement *paradoxal* où l'apparaître formel de l'oeuvre exige le retrait de l'objet, jusqu'à se donner dans « cette beauté endeuillée » dont parle Jacques Derrida.

En cela, l'esthétique est de l'ordre du « comme si » *(als ob),* d'un libre jeu et d'une « syncope du sentiment[4] » qui atteint dans le sublime l'informe de toute représentation, « une présentation négative ». Ce « comme si », en rupture avec la tradition de la mimésis, requiert la mise entre parenthèses de ce qui articulait le jugement de goût, l'objet et le concept, au profit d'une relation plus profonde, propre à l'esthétique de l'art, celle qui lie l'*Idée* (esthétique) et la *manière*.

Dans les paragraphes 49 et 60 de la *Critique du jugement,* la manière sert d'opérateur « critique » pour écarter toute une conception de la mimésis propre au genre. En art, les « modèles » ne sont jamais que des *exempla,* et l'on peut tout au plus parler d'un héritage exemplaire. En fait, « il existe deux *façons (modus)* d'agencer l'exposé de ses pensées, dont l'une s'appelle une manière *(modus aestheticus)* et l'autre une méthode *(modus logicus)*[5] ». La manière seule est « valable pour les beaux-arts », car il lui appartient de développer « le sentiment de l'unité dans la présentation ». En cela elle est bien le style comme mise en oeuvre de singularités esthétiques construites « d'une façon qui convient à l'Idée ». La manière esthétique se doit d'éviter la « singerie », mais aussi l'affectation, au point que la manière est à l'opposé du « maniéré ». Revenant sur cette manière dans le paragraphe 60, Kant souligne encore que le jugement de goût ne relève en rien d'une méthode : « Il y a donc non une méthode *(methodus)* mais seulement une manière *(modus)* pour les beaux-arts[6]. » A l'encontre de toute prescription, et même de tout jugement cognitif, la manière procure un « éveil » de l'imagination. Or, comme on le sait, cette imagination transcendantale est « à l'état libre » en art. « Fonction de

---

4.
Selon l'expression de Jean-François Lyotard. Je renvoie à sa réinterprétation du sublime kantien dans *Leçons sur l'analytique du sublime,* Paris : Galilée, 1991.

5.
Kant, *Critique de la faculté de juger,* Vrin.

6.
Idem.

l'âme aveugle », elle est en même temps « faculté des présentations » (*Darstellung*).

Que l'aveugle donne à voir, que le *modus* esthétique ait une fonction paradoxale de lisière, de frontière, où l'art touche la Pensée en évitant la forme du concept : tel est le paradoxe fondamental de Kant. Non seulement, comme dans la *Critique de la raison pure,* « l'art est à la racine du penser », mais dans ce sentiment de seuil qu'est le sublime, la manière affecte le penser : « le sublime doit toujours avoir un rapport à la manière de penser[7] ». C'est au moment précis où l'imagination perd ses propres bornes dans la dépossession d'un irreprésentable, que la manière de penser touche ce qui lui donne à penser, l'*Idée esthétique*. Cette Idée esthétique est définie comme « une représentation inexponible de l'imagination ». Si toute exposition ramène l'imagination à des concepts, dans l'Idée esthétique la manière rend la représentation « inexponible ». Mieux, la pensée y reste « indéterminable ».

L'Idée esthétique « donne par elle-même bien plus à penser que ce qui peut être compris dans un concept déterminé et qui par conséquent élargit le concept lui-même d'une manière illimitée[8] ». Dans l'Idée, la manière donne à penser « des choses indicibles », en utilisant ces tropes que Kant appelle les « attributs esthétiques », et qui rappellent étrangement les figures de *l'Iconologie* d'un Cesare Ripa. Ainsi la puissance est-elle « figurée » par la foudre et l'aigle. Les attributs esthétiques forment série, comme dans une métaphore continuée qui ouvre une « perspective ».

A reparcourir, fût-ce brièvement, cette tension de l'Idée et de la manière, on peut s'interroger sur sa portée, mais aussi sur son enjeu présent. Si, dans l'art, il y a bien un éveil et un élan pour penser, Kant ne fait pas qu'anticiper sur les esthétiques romantiques, celle d'un Schelling, où l'art deviendra, grâce au génie, création consciente-inconsciente de ces Idées. On pourrait inscrire ces conditions transcendantales de l'art et du jugement de goût dans une anamnèse qui, chez ce grand mélancolique que fut Kant, rapporte les Idées esthétiques à « quelque chose d'invisible », de spectral. Comme si, entre la manière et l'Idée, se glissait un effet d'impensé, une frontière et une lisière, un sens oblique et abyssal

---

7.

Idem.

8.

Idem.

pris dans le *modus aestheticus*. Si l'esthétique de Kant relève bien *du paradoxe* (un jugement de goût universel et sans concept), ce paradoxe définit un véritable paradigme herméneutique de l'art. Car, comme l'a montré Rosalie L. Colie dans son livre : *Paradoxia epidemia. The Renaissance Tradition of Paradox,* le paradoxe est toujours autosuffisant, « self-sufficient » et « self-referent » : « Paradoxes are in one sense entirely self-sufficient in their self-reference[9]. » Le paradoxe prive ainsi le sens de son objet référentiel et se déploie dans une structure de jeu à l'infini, qui multiplie le langage comme l'écho. La manière est bien l'opposé de l'affecté et du « maniéré ». Elle présuppose l'Idée comme indéterminée, voire indéterminable, comme un risque. Comme l'écrivait Baldassare Castiglione dans *le Livre du courtisan,* la manière peut aller jusqu'à créer « l'impazzire nel pensare », le devenir-fou dans la pensée. Pensée, manière, Idée esthétique, paradoxe : la terminologie de Kant comme sa pensée nous renvoient bien à cette naissance de l'esthétique, toujours refoulée, toujours négligée par les philosophes, que furent l'*Idea* et la manière « maniéristes ». On y trouve une configuration archéologique, transcendantale, des paradoxes ultérieurs de toute esthétique, qui autorise peut-être un nouveau rapport entre philosophie et critique d'art. Très exactement ce que Walter Benjamin cherchait, « l'embrasement du voile dans le cercle des Idées », où l'oeuvre d'art manifeste la question et l'idéal de la philosophie.

II. Une esthétique modale : Affect, Idea, Manière

A l'opposé de toute essence, la manière se donne d'emblée comme un théâtre d'opérations sur des formes, un langage au second degré, qui dessine ce que je propose d'appeler une configuration archéologique de l'esthétique en son paradoxe et son idéal : *un Affect, une Idea, une Manière*. Dans les termes de Nietzsche, on pourrait parler d'une naissance, si ce qui naît meurt et ne cesse de faire retour en des répétitions différées. En fait, bien avant la constitution du discours sur la peinture d'un Vasari ou d'un Lomazzo, la manière apparaît chez les humanistes italiens du milieu du XVe siècle, et dans les traités de danse.

9.
R.L. Colie, *Paradoxia Epidemica. The Renaissance Tradition of paradox,* Princeton University Press, 1966, p. 34-35.

Prise entre la *mesura,* cet ordre rythmique où la rapidité compense la lenteur et l'« aere », l'aérien et l'ailé, la manière ressemble à une aisance élégante, un « ni trop ni trop peu ». Grâce et plaisir, elle procure des *figures* aux corps et aux mots. Simulacre muet, elle renvoie à ce « je ne sais quoi caché qui produit un effet » dont parle Pétrarque, et qui traduit le trouble d'une ressemblance dissemblable, par exemple celle du père et du fils. Elle introduit le plus petit écart, un entre-deux, un suspens qui procure le léger tremblement ou fixé de la forme.

Ecart, suspens, la manière s'ajoute à l'Etre et y substitue des manières d'être. Comme si pour la première fois dans l'art, il fallait combler un Rien, un vide, ce qui sépare les mots et les choses et institue des jeux formels qui engendrent effets et affects. En cela elle est beaucoup plus qu'une simple « ostentation du vouloir » comme l'écrit Benjamin à propos du baroque[10]. Dans la crise « maniériste » de la Renaissance, elle exprime un moment où quelque chose fait défaut à l'Etre, un « Désêtre », engendrant une *mélancolie* de l'art et des formes qui serait l'affect transcendantal de la naissance de l'esthétique et même la condition de toute oeuvre.

Une telle mélancolie, avec ses traités et son théâtre, - son « tragique de l'ombre » - s'institue paradoxalement dans le rejet initial de toute nostalgie. Le « Il y a déjà de l'art » présuppose un travail et un jeu de deuil accompli sur les formes et sur ce qui les fondait, le cosmos ou l'Etre. A l'intérieur de l'autoréflexivité de l'art qui exhibe ses propres procédures en variations et répétitions, la mélancolie serait ce qui reste après le travail du deuil. Un voile, l'ombre du Beau, l'incendie de ces Idées aussi présentes qu'inatteignables.

Esthétique et ontologique, une telle mélancolie exprime la scission irrémédiable des formes et de l'être, par la mise en fuite permanente (écho, abîme, variation) du référent. Hamlet exprimerait, en ce sens, le cogito spectral de *l'homo melancolicus :* « Words, words, words... » Puissance d'altération et de démembrement, l'affect mélancolique de la pensée engendre une vérité maniériste qui institue du sens et des formes par la distance et la torsion, le *sforzato,* propre à la peinture ou à la musique. Aussi, ni art du faux, ni art du simulacre, cette manière

---

10.
Sur cette interprétation de la manière :
Carlo Ossola, *Dal « Cortegiano » all « uomo di mondo »,* Einaudi.

renvoie-t-elle au paradoxe fondamental, celui de l'ego qui règle tout le théâtre shakespearien[11]. D'un côté, « I am that I am », je suis ce que je suis, pure tautologie d'un Moi vide et vidé, celui des *Sonnets*. Et de l'autre, « I am not what I am », comme le dit Iago, je ne suis pas ce que je suis, je suis tous les autres, les ombres, les spectres, le rien. A la question de Lear : « Qui suis-je? » le fou répond « l'ombre de Lear ».

Que la mélancolie soit désormais un affect du penser - au sens où la pensée comme Idée fixe rendra fou - la prive d'être une simple « maladie de l'âme », ou même l'impossible désinvestissement de l'objet d'amour dont parle Freud. Pour le sujet spectral - celui que retrouvera le XIXe siècle - le perdu est toujours déjà perdu, le trop tard un irrémédiable à l'origine de l'oeuvre. Créatrice de formes, cette mélancolie oscillera entre deux pôles : une phénoménologie de la démultiplication-variation-répétition du sens et des formes, et une ontologie du rien en ses pouvoirs expérimentaux. En quête de sens, elle le construit en cet espace de jeu qui sépare l'excès des signifiants, le style, et la raréfaction du langage jusqu'à son propre nominalisme. Tout est jeu de langage, même le monde. Dès lors, le vertige du sens pousse le paradoxe à sa propre extrémité, « embellir le faux par fausse figure d'art » comme l'écrit le Shakespeare des *Sonnets*.

Un tel espace de jeu lie subtilement l'affect et la manière, dans une démarche mise au jour par le premier grand livre des manières qu'est le *Livre du courtisan* de Castiglione, la *sprezzatura* (mot intraduisible, disons une désinvolture faite de grâce). Bien avant Kant, mais dans la même optique, la « sprezzatura » rend la manière non affectée, non maniérée. Langue de la dissimulation pratiquant toutes les « invenzioni ingeniose », cette désinvolture de la grâce résume à elle seule tous les paradoxes de la manière. Car elle se doit de dissimuler « avec naturel », et dans ce jeu de la simulation-dissimulation, elle doit même cacher son art... Au point que « la troppa sprezzatura è affettazione » (trop de désinvolture est affectation)...

Dans cette bonne distance naît le goût et même le jugement de goût, selon un mode nécessairement oblique, puisque la manière est cet artifice qui,

---

11.
Sur la question de l'ombre dans ses liens aux questions du sujet, du Nom et du mal, nous renvoyons le lecteur à notre livre *Tragique de l'ombre*.
Shakespeare et le maniérisme, Paris : Galilée, 1990.

faute de viser les choses en leur être, se pare des formes et des mots en une sorte d'errance où le travail du langage sur lui-même, sa capacité infinie de créer artefacts et effets, exorcise la plénitude de l'Etre et du monde qui fait désormais mélancoliquement défaut.

A travers le corpus des textes et traités empruntés à Vasari, Lomazzo et Zuccari, la manière marque un tournant historique dans la conscience des formes et la subjectivité de l'artiste de plus en plus seul avec son « invenzione ». L'art se réfléchit en un savoir-faire qui est aussi un savoir, un « disegno » (dessin et dessein), qui vise l'Idée sans jamais l'atteindre, sinon comme l'illimité du fragmentaire, du déformé, de l'allégorique. Faute de viser les choses comme référent, la manière s'enveloppe de la grâce de l'Idée, en une métaphysique de l'artifice faite de biais et de secret, de prolifération de microformes, qui engendre une tessiture d'ensemble. Comme si le travail du langage sur lui-même engendrait les effets propres au « modus aestheticus ».

Revenir à ce maniérisme des formes, c'est donc décrypter une paradoxologie et une tropologie esthétiques. Car si l'art vise bien un universel, cette *Idea* encore conçue de manière néo-platonicienne (Marsile Ficin), il n'en pratique pas moins ce que Lomazzo appelle le *moto*. Tout à la fois l'expression, le mouvement, le geste *(manner)* et la grâce. Mais il n'y a de *moto* que purement singulier, dans l'ordre de l'événement provoqué par l'artiste et revendiqué désormais comme une valeur positive, comme diversité irréductible. *Idea* et singularité sont prises dans une série de tropes et figures (« des modes »), dans la mesure où l'Idée n'existe qu'en retrait d'elle-même. Si l'on prend l'*Idea de' pittori, scultori ed architetti de Federico Zuccari* (1607), on s'aperçoit que si l'Idée demeure dans sa matrice « divine » (comme lumière, éclat, splendeur, épiphanie), elle n'existe que dans le *disegno,* ainsi défini : « une forme ou une Idée qui réside en notre esprit et qui désigne avec une explicite clarté les choses que celui-ci se représente ». Mais à se réfléchir dans la forme, l'Idée n'est plus une contrainte ontologique. Car ce « disegno » peut être naturel, artificiel ou même fantastique. Il se déploie en tropes, au sens où la liberté de l'artiste autorise la rencontre de l'*Idea* et du trompe-l'oeil, voire l'imitation de tous les artefacts.

Paradoxe du jugement entre l'*Idea* et le *moto,* paradoxe de l'Idée, débouchant sur son contraire apparent, l'artifice, paradoxe de la manière, savoir de règles et savoir-faire échappant à toute règle, on assiste là à une naissance où l'Idée devient, pour reprendre Kant, Idée esthétique, parce que l'art *pense* au sens fort du terme. Mais il ne pense que par l'artifice de l'Idée qui crée des procédures stylistiques jouxtant l'esthétique de l'artifice et une esthétique du désenchantement.

Conçue de façon opératoire et non substantialiste, la manière n'est que la réflexivité non mortifère de la forme sur elle-même jusqu'à ce que l'Idée devienne sa propre énigme. Comme si la disjonction entre les parties du tableau et le tout devait donner naissance à un nouveau mode de liaison de l'hétérogène qui suscite le trouble et la grâce en évitant la chute. La manière idéalise la matière par l'ornement, la citation, la variation et l'exténuation des formes. Elle procède à un art de la raréfaction et de la complexité idéelle, dont la peinture maniériste de Pontormo ou de Bronzino nous livrerait les modes : planéité, frontalité, stylistique du détail, surcadrage, variation et répétition d'un motif, fragmentation et espaces désaxés... Le fond remonte à la surface pour voir, et cette surface devient le lieu autoréférentiel du paradoxe et du sens. Selon la formule de Pessoa, « amo em decor » (j'aime en décor). Même les couleurs les plus acidulées, jaune, vert, rose à la Warhol, ne sont que l'écho d'un deuil clair.

III. L'embrasement du voile

Affect de la mélancolie artificieuse, manière et Idée, on a là trois conditions transcendantales de la Naissance de l'esthétique qui interrogent les rapports de l'art et de la Pensée, et même le « Qu'en est-il de la pensée dans l'art ? » En cela, la manière n'est pas seulement de l'ordre du « je ne sais quoi », de la séduction et du presque-Etre. Elle définirait une sorte de métaphysique négative, un « Pourquoi y a-t-il du Rien plutôt que de l'Etre ? ».

Du Rien, c'est-à-dire le contraire d'un dévoilement de l'art. Plutôt un voilement, un voile incendie, un *suspens* d'être, qui lie indissolublement « beauté » et « vérité » dans une torsion figée de douleur, dans cette « science de l'affliction » dont parle Beckett à propos de Proust, et qui a pour corrélat ces moments extatiques de l'idée, ces enchantements de bonheur propres à l'art du « temps retrouvé ». Comme l'écrit Benjamin, énonçant en cela le paradoxe de l'art : « Si le tremblé constitue la beauté, le figé en donne la vérité. »

Au point que l'apparaître de l'oeuvre relève de ce qu'il appelle « le privé d'expression », cette vérité qui depuis Shakespeare fixe, fige la douleur et ses excavations mortifères en forme qui se déstabilise de manière permanente.

Processus admirablement décrit par un autre partisan de l'esthétique de la manière et de l'Idée, Proust. « Les Idées sont des succédanés des chagrins, au moment où ceux-ci se changent en Idées. » Métamorphose où le souffrir est toujours d'ordre modal, parce que le style s'enroule infiniment sur lui-même en une métaphore continuée : « Le chagrin est seulement le mode selon lequel certaines idées entrent d'abord en nous[12]. » Ce chagrin, ce souffrir, cette affliction qui s'afflige elle-même pour mieux penser introduit sans doute dans l'art, fût-il visuel, un paradigme musical. A pratiquer le figé, le disjoint, l'enroulement spiralique et labyrinthique sur soi, la manière fait appel à ce que le pseudo Longin du *Sublime* visait à neutraliser et exclure, la dissonance, la saillie. Mais contrairement à toute une esthétique de la musique qui a privilégié de Nietzsche à Adorno la dissonance - chaos, abîme dionysiaque ou *trauma* inconscient -, cette dissonance-suspens relèverait plutôt d'une différence minimale, d'un subtil-sublime qui fixe la douleur au bord du gouffre et l'arrête par un vertige, une mortification de la forme, une stase, mêlant et entrechevêtrant des microformes.

Miroitement du sens, « image cristal », quelque chose du paradoxe survit là, en ce frisson où l'oeuvre d'art destitue toute proposition ontologique, comme l'espérance impuissante mais ailée de *Sens unique* : « *Baptistère de Florence.* Sur le portail, la " Spes ", l'*Espérance* d'Andrea Pisano. Elle est assise et, impuissante, tend les bras vers un fruit qui lui reste inaccessible. Et pourtant elle est ailée. Rien n'est plus vrai[13]. »

Imaginons que ce fruit inaccessible soit l'Idée, et que cette aile ne soit rien d'autre que la manière. On aurait là une sorte d'allégorie du *modus aestheticus,* de Kant aux maniéristes et aux contemporains. L'allégorie introduit le temps de la rumination mélancolique, de la remémoration triste. Mais aussi une pluie d'images, ce figural de l'Idée. Du « papillotage des nuances » proustien au « airy nothing » (rien aérien) de *la Tempête* de Shakespeare, à cette aile de l'*Espérance* figure d'une mélancolie sans nostalgie, la manière incendie la forme, la met en vibration atmosphérique, la module et la construit. L'art pense dans cette « aile » d'une espérance aussi désespérée que légère.

12.
Proust, *Le Temps retrouvé*, Paris : Garnier-Flammarion, p. 302.

13.
Walter Benjamin, "Sens Unique", in *Les Lettres Nouvelles,* p. 209.

Débat

Modérateur : **Catherine Perret**

  Catherine Perret : Cet exposé, tout à fait passionnant, est surtout enthousiasmant au sens où il nous donne envie de penser. Il nous propose les conditions de possibilité d'un dialogue entre la philosophie et l'art. Je crois qu'en ce sens le rapport que vous avez fait entre la manière en art et l'idée esthétique kantienne est quelque chose d'extrêmement productif, au sens où l'on peut imaginer à nouveau une esthétique des catégories où tout serait à faire. Tel est le premier élément de votre communication qui me paraît tout à fait fondamental. Le second élément, c'est cette question de la mélancolie qui a travaillé et qui a traversé, absolument, tous vos propos. Et, à ce sujet, j'aimerais vous poser une question. Pourrait-il y avoir une fin du deuil, dont l'art serait la trace, la trace somptueuse, le voile? Existe-t-il quelque chose comme un terme au deuil? Ou ne faut-il pas admettre que nous sommes toujours dans le deuil, et, de même que l'art veut la vérité, désire la vérité comme effet de jouissance, de la même manière la philosophie ne peut-elle renoncer au concept, et ne peut-elle comme Adorno le voudrait, atteindre le non-conceptuel?

  Christine Buci-Glucksmann : Je suis partie dans *la Raison baroque* de la thèse de Benjamin. A savoir que le baroque s'instaurait dans un théâtre de deuil, un théâtre d'affliction. Et paradoxalement, je crois que chez Benjamin, il manquait quelque chose. Je suis donc revenue à ce qui me semble en être le socle, l'avant-baroque, le croisement opéré entre les manières au sens maniériste et le tragique, c'est-à-dire le corpus italo-élisabéthain. Il m'a semblé que la mélancolie n'était pas un rapport mortifère à l'objet, n'était pas au sens freudien une sorte de paralysie de désir, par l'impossibilité du travail de deuil. Dans la conception rationaliste du deuil, comme pour Freud, il y a un deuil sans reste et c'est cela le concept de travail de deuil. Or j'ai découvert à travers le corpus musical et pictural du maniérisme qu'il n'y a pas de deuil sans reste. Mais que le reste du deuil c'est la mélancolie, et que cette mélancolie peut être pensée comme le voile de la beauté porté sur le travail du deuil. Autrement dit, la mélancolie c'est ce qu'il reste de l'impossible travail du deuil, ce rapport endeuillé au beau qui fait qu'il est inatteignable, ou qu'on le recherche même, comme Baudelaire, ou comme Adorno, dans le laid, dans le petit, dans les microformes, dans les débris d'existence, comme l'écrit Benjamin. Il y a toujours, il y aura toujours ce rapport endeuillé au beau constitutif de l'œuvre d'art. Je ne crois pas qu'on puisse faire une œuvre d'art sans se situer dans cette zone, que j'appelle la mélancolie comme puissance d'invention, comme ce qui permet de toucher le Tragique de l'ombre, l'ombre du deuil. Cette ombre, Shakespeare l'a matérialisée de manière tragique, dans le fantôme du père, mais aussi de manière légère dans *Ariel,* dans le très léger, le « sweet » de la musique. Voilà ce que je répondrais : l'œuvre d'art est là pour témoigner de ce voile, de cet incendie du voile de la beauté qui fait qu'il reste cette ombre du beau.

CATHERINE PERRET : J'aimerais orienter la discussion autour de la modernité. Est-ce que, pour vous, l'art serait la seule manière de rester dans la modernité et de ne plus rêver d'un au-delà ou d'un postmoderne ?

CHRISTINE BUCI-GLUCKSMANN : Oui, je crois que le postmoderne s'est situé à un moment où l'on avait exploré une aventure de la forme comme langage du langage. Quand il n'a pas été pur éclectisme, pure adoption de mode, pur clin d'œil, le postmoderne a pratiqué la manière comme théâtre d'opération sur des formes déjà produites. Il s'est situé comme l'anamnèse d'une révolution des formes, celle du moderne. Chez Warhol ou dans des films comme ceux de Ruiz ou de Greenaway sur lesquels j'ai travaillé, le fantomal, appelé par Benjamin le spectral, est devenu une sorte de matière à création. Plutôt que de parler toujours des simulacres, ce qui m'a frappé dans le cinéma de Greenaway, de Ruiz, et dans le nouveau statut des images, c'est l'image comme abstract. C'est une « sur-image » ou une « sur-exposition » des images, en trop ou en retrait, et cette image comme abstract rappelle la grande tension du maniérisme historique. On est dans une situation de mise en constellation de temps disjoints en une sorte de fulguration archéologique qui évoque la Naissance de l'esthétique dans la manière.

CATHERINE PERRET : Pour vous, l'intellectualisme extrême du maniérisme était la seule manière de tisser ce voile, et donc cette mélancolie n'avait rien à voir avec une nostalgie qui se serait nourrie de contenu, et de contenu passé. J'aimerais que vous développiez ce thème par rapport à l'art contemporain.

CHRISTINE BUCI-GLUCKSMANN : Cette question est très compliquée, car elle implique l'interprétation du maniérisme et l'interprétation de l'art contemporain. Dans le maniérisme, il m'a semblé qu'il y avait une sorte de paradoxe entre l'esthétique de l'Idée - et non du concept, même si elle se traduit par le concept - et son contraire, l'artefact. La mélancolie des maniéristes, c'est d'aller dans le sens d'une idée qu'on n'arrive pas à atteindre. Parce que cette idée est déjà réalisée quelque part, et irréalisable, elle ne peut être atteinte que par la « grâce ». Mais on l'a ou on ne l'a pas. Je crois que l'art contemporain s'est déployé dans une gamme d'artefacts dont on pourrait dessiner trois types d'exemples. L'artefact qui vise la « nature » dans des installations, c'est-à-dire comme signe du naturel; l'artefact comme tel : le portrait en artefact, la série en artefact; enfin, l'artefact conceptuel, comme Idée ou comme intervalle le plus minimaliste possible. Je crois que le maniérisme recherche toujours le détail infime, celui qu'on ne voit pas, pour donner à voir justement. Quel que soit l'artefact, tous les artefacts, je crois qu'on est là, précisément, dans ce qu'on peut appeler la Pensée en art, mais pas sous la forme de la maîtrise du concept, et c'est ça la question posée à la philosophie.

CATHERINE PERRET : Et l'art penserait à partir d'une perte?

CHRISTINE BUCI-GLUCKSMANN : Oui, mais d'une perte qui n'est jamais nostalgie. Je crois qu'il faut en finir avec la mélancolie-regret, la mélancolie-nostalgie, et même la mélancolie-spleen. Il y a une sorte de mélancolie-joie. La véritable mélancolie c'est le sens de l'écart et le sens de l'écart c'est de retrouver l'intervalle entre les choses. Retrouver l'intervalle entre les choses, c'est exactement retrouver leur vanité et leur assomption. La vanité c'est vraiment l'absolution des choses éphémères.

CATHERINE PERRET : Tout à fait. On peut poser la question du point de vue de la philosophie. Est-ce que cette assomption de la mélancolie dans la philosophie est précisément l'invention d'un style dans l'esthétique? Est-ce que l'esthétique exige une écriture inventive?

CHRISTINE BUCI-GLUCKSMANN : Oui. Le style est la condition d'une esthétique, et sur ce point je me sens très proche de Gilles Deleuze. Il y a vraiment deux positions dans la philosophie. Etre philosophe c'est réfléchir sur, on peut *réfléchir sur* n'importe quoi. En gros, ça ne donne pas grand chose. La plupart du temps, ça donne la reproduction de l'histoire de la philosophie, de l'institution philosophique, des paradoxes de la philosophie, mais pas de la production d'analyses. La deuxième position, qui est plus exigeante et sans doute plus difficile, c'est que, pour retrouver ce qu'on appelle « la création dans l'art », il faut que la philosophie, l'esthétique, soit créatrice elle-même. Et qu'elle tente de trouver des instruments d'analyse qui la dépossèdent de son propre sens et fassent jouer ses frontières. Le style fait varier la langue d'une manière telle qu'elle est à la fois possédée et dépossédée, et que dans ce contre-processus elle produit des catégories où elle rejoindra quelque chose de l'œuvre d'art. L'art présuppose un accueil, présuppose un éveil, qu'on ne peut pas tout de suite maîtriser par le concept...

Catherine Perret : Voulez-vous dire qu'il faut le passage par l'objet ? Alors que toute la philosophie traditionnelle se constituerait dans un suspens et dans un déni momentané de l'objet ?

Christine Buci-Glucksmann : Qu'est-ce que vous appelez l'objet ?

Catherine Perret : Ce que j'appelle objet c'est ce qui fait butée, ou ce qui fait symptôme.

Christine Buci-Glucksmann : Chez Kant, justement, la forme ne surgit que du retrait de l'objet. Du moment où l'on sent l'objet comme objet de connaissance, il y a distance et à ce moment-là surgit le paradoxe de l'art. Par contre, si l'objet c'est la butée, si l'objet c'est ce moment où l'œuvre produit l'incendie dans le concept - Benjamin le dit merveilleusement : incendie dans le cercle des idées, c'est-à-dire que cet incendie est à la fois le moment du voile, de la manière et de l'Idée -, je dirais qu'il faut se « désêtre » dans le concept pour être avec les œuvres d'art, dans leur variété.

La condition de ce désêtre, de la non-fondation de l'art sur une pensée de l'Etre, renvoie à ce cogito de l'homme mélancolique en sa portée métaphysique. Un cogito à l'opposé des idées claires, de la présence à soi dans l'espace de la représentation. Les idées claires ne sont-elles pas des « petites idées » ? comme l'écrivait Burke,...

Mais s'il y a de l'ombre, un fond spectral du sujet et même une mélancolie comme condition transcendantale de l'art, pour parler comme Kant, il faut bien voir que cet Ego est pris dans les « maniérismes » de la subjectivité déjà à l'œuvre dans le théâtre de Shakespeare. D'un côté le Je n'est qu'une forme vide, un théâtre désaffecté livré au narcissisme mortifère et à la culpabilité des tombeaux. Mais il est en même temps force et désir, puissance de tous les autres jusqu'à la folie, à l'extase, et la détresse de la pensée. C'est cet étrange sujet, jouxtant tragique et manières - un sujet assez proche de Lacan - qui m'a intéressée. C'est la leçon de Benjamin : une vérité non intentionnelle, où le Je n'est pas en position de savoir sur cette vérité. C'est cette vérité non intentionnelle, cette torsion du sens, cette relation au vrai sens qui se dérobe dans les manières et essaie de se saisir que j'ai appelées l'entre-deux du sens. Je crois qu'on peut émettre une position « de cogito spectral » en quelque sorte, un cogito spectral qu'on pourrait traduire poétiquement par une voix : j'écoute quelque chose en moi. Dans le travail que j'ai fait sur Shakespeare, le lieu de la parole théâtrale est une écoute d'une voix qui est celle de la musique et du père dont on ne sait pas le lieu. C'est cela que j'appellerais un cogito spectral : ça parle mais pas du tout au sens de l'inconscient. L'œuvre est écoute d'un écho, elle « entre-écoute » quelque chose qui au fond la constitue en sa propre métaphore. Je voulais au fond déplacer l'origine du modèle « moderne ». Vous savez qu'Heidegger institue la modernité chez Descartes, c'est-à-dire dans le sujet de la représentation, et il m'a semblé que l'on pouvait critiquer cette affirmation et instituer la césure ailleurs; chez Shakespeare par exemple.

JACQUES LEENHARDT : En déplaçant de Descartes à Shakespeare la césure de la modernité, tu offres à celle-ci une manière de baptême artistique, en lieu et place de la coupure conceptuelle habituellement retenue. Du coup, l'œuvre d'art se trouve investie d'une fonction inaugurale majeure, et à sa suite, évidemment, s'agissant de Shakespeare, une modernité tout autre que celle que l'on déduit de Descartes se profile. Dont acte.
Mais alors, peut-on encore considérer que l'œuvre d'art occupe une place distincte en face de la philosophie, comme son objet? N'est-ce pas la notion même de philosophie qui se trouve modifiée et, si oui, à quel prix et pour quels gains?

CHRISTINE BUCI-GLUCKSMANN : Cette question est immense... Je dois statuer, en peu de paroles, sur le statut de l'œuvre d'art dans la philosophie, et le statut de la philosophie par rapport à l'œuvre d'art. Je traduirais cela ainsi : Suis-je kantienne? Non. Et j'aurais déjà presque répondu. Si je suis partie de Kant et pas du Kant le plus commenté, c'est-à-dire le Kant de l'analytique du sublime, mais du Kant qui met en place ce jeu étonnant de la manière et de l'Idée, c'est qu'il m'a semblé que c'était effectivement là où Kant allait le plus loin dans la différence entre penser par concept et penser. Penser l'art, c'est faire les comptes avec cette question : est-ce que la pensée par concept épuise le champ de la pensée? Or cette Idée implique en elle-même un triptyque : affect/manières/pensée. Walter Benjamin dans l'*Origine du drame baroque* reprend l'Idée, en une variation platonicienne et leibnizienne, comme une sorte de monade qui se déploie en constellation, en interprétation et en analyse à partir d'un affect originaire. L'Idée est paradoxalement quelque chose qui donne à penser. Mais pas seulement à penser : elle donne un *mode* à la pensée, un *style* qui pousse l'imagination, l'éveil, à ses limites, à ses propres bornes. Il m'a semblé qu'il y avait là, pour une réflexion philosophique qui se cherche comme stylistique, la rencontre de ces deux choses dont tu parles : la philosophie comme œuvre d'art au sens de Nietzsche et l'œuvre d'art dans la philosophie. Reconstituer cette stylistique des manières, et en déployer la naissance, c'était la seule façon de rencontrer l'objet qui interroge, au sens de Benjamin, « l'idéal de la philosophie ». Pas la philosophie, l'idéal de la philosophie. Dans *la Folie du voir* je me suis confrontée à l'énigme de la visibilité : à cette sorte d'énigme de la visibilité qui fait que le mythe de l'omnivoyance, le tout-voir qui fonde le baroque, porte à un point de fulgurance négative à une trouée du visible par la lumière ou l'ombre, telle qu'au fond c'est un rayonnement d'invisibilité qui fait voir. J'ai traversé tout un corpus rhétorique, et essayé de produire des manières affectant des matières, en vue esthétique du palimpseste où je me suis confrontée à Rainer et à Kiefer. J'interpréterais ainsi la phrase de Benjamin qui ouvrait méthodologiquement mon propos : les œuvres d'art ne questionnent pas la philosophie, mais l'idéal de la question de la philosophie, ce qui permet d'échapper à une certaine fascination et clôture de la philosophie comme œuvre d'art repliée sur elle-même. Je pense qu'il faut une stylistique ouverte, reposant sur une relation nouvelle entre poétique et rhétorique. L'œuvre d'art aurait à la fois un statut de « révélation » de l'idéal à partir duquel on doit accueillir et produire de nouvelles notions. Mais cet effet de suspens « révélant » - l'affect - renvoie bien au « voile du beau », fût-il artefact de l'Idée.

QUESTION DU PUBLIC : Quelle est la différence entre le philosophe d'art et le critique d'art ?

CHRISTINE BUCI-GLUCKSMANN : A confronter critiques d'art et philosophes, on a l'impression que l'on n'a pas le même statut institutionnel, ni le même statut dans les procédures d'analyse. On a qualifié le critique d'art de nomade qui collectionne des informations, qui se déplace pour voir les œuvres; le philosophe devrait être aussi un peu nomade. Bien évidemment, l'un n'exclut pas forcément l'autre. Je dirais que pour moi si l'« esthétique philosophique » tente le mouvement que j'essaie de dessiner, elle doit rencontrer le meilleur de la critique d'art. Une critique informationnelle, que j'appelle nomade, personnelle et nécessaire, assume un certain nombre de fonctions que peut-être la philosophie n'assure plus. Mais il me semble qu'il y a une même question dans la philosophie reformulée et la critique d'art, une question que je pose volontairement dans des termes un peu vagues : avec quelles notions ou même quels instruments écrire, parler des œuvres? Mon propos serait d'essayer de perturber cette séparation trop institutionnelle, mais je ne prétends pas devenir critique d'art...

QUESTION DU PUBLIC : Dans votre discours, dans votre présentation du maniérisme, vous parlez du décor, « aimer le décor », de l'institution du maniérisme, de l'esthétique maniériste. Lorsqu'on regarde les textes moyenâgeux, la notion de décor correspond, en fait, à « aimer le coeur ». Donc, le décor serait « aimer avec le coeur ».

CHRISTINE BUCI-GLUCKSMANN : « Aimer en décor », c'est très exactement être très près de ce que Pessoa appelle l'esthétique de l'artifice, l'esthétique de l'indifférence, ou encore une esthétique du désenchantement qui est créatrice, et tout le problème est là. Il faut en finir avec la mélancolie comme nostalgie, avec la conception nostalgique et romantique, romantique au sens un peu simpliste du terme. Entre le « coeur » et le décor, il y a de la pensée, et les affects pensent.

QUESTION DU PUBLIC : C'est bien ce que dit Panofsky.

CHRISTINE BUCI-GLUCKSMANN : Oui, mais en ce qui concerne sa méthode, il est près, très près, de l'iconologie de Ripa qui lui sert de modèle. Entre le visible et le sens, je dirais qu'il y a une soudure. Dans le travail même de Panofsky, admirable, il me semble que cette sorte de fracture de la brûlure du voile, qui implique qu'on est d'un certain point de vue dans l'énigme de la forme, n'est sans doute pas centrale. Cela repose tout le problème du statut de la méthode, discuté déjà par Hubert Damisch, Georges Didi-Huberman. Mais cela nous entraînerait trop loin.

LUCIEN STÉPHAN : Je pose la question encore une fois en paysan du Danube. J'ai été frappé par l'usage constant d'expressions métaphoriques. Alors, je me permets d'être pédant, en citant Aristote : « Tout ce qui est dit par métaphore est obscur. » Je veux rendre compte, en particulier dans la précédente discussion, de l'impression d'être complètement dans l'obscurité. Je vais prendre un exemple : vous employez le mot « énigme », « énigme de la visibilité ». Le mot, ainsi employé, est employé métaphoriquement. Mais si on choisit cet exemple d'énigme : « Qu'est-ce qui a quatre pattes le matin, deux pattes le midi et trois pattes le soir? » Il y a une réponse, une réponse univoque, bien déterminée : « C'est l'homme ». En d'autres termes, l'énigme - on retrouve cela lorsqu'on parle d'énigme policière - l'énigme a une solution, une solution unique, univoque, bien déterminée. Dans votre usage métaphorique du mot énigme, lorsque vous parlez d'« énigme de la visibilité », vous voulez dire au contraire que la visibilité a une

signification qui adhère à son caractère visible et qui ne peut pas être dégagée du visible pour avoir un statut univoque et bien déterminé. Alors, je ne sais plus où j'en suis.(rires)
Bien sûr, je généralise. J'ai cité Aristote : l'idée d'Aristote c'est que le philosophe ne peut pas se contenter d'un langage métaphorique. Peut-être le critique d'art peut-il non seulement s'en contenter mais faire les délices de son lecteur. Il est essentiel à la critique d'art d'avoir affaire à des œuvres singulières, concrètes, en chair et en os. Lorsque le critique d'art rend compte d'une œuvre concrète, il se trouve, dans certains cas, précisément en raison de ce statut particulier de la signification de l'œuvre d'art, face à l'impossibilité de la conceptualiser entièrement et de façon univoque; à ce moment-là, le critique d'art recourt à la métaphore. Malraux écrit, au sujet du *Tribut* de Masaccio, « le geste auguste de Masaccio » : c'est à la fois « le geste auguste du semeur » (de Victor Hugo), le geste auguste du semeur qui ressemble au geste auguste du personnage peint par Masaccio, mais ce n'est pas le geste du personnage de Masaccio, c'est le geste de Masaccio, dit Malraux. Ceci est concentré grâce à un langage qui utilise simultanément plusieurs tropes. Il s'agit d'une restitution par équivalence de quelque chose qui est très difficile à conceptualiser; mais ce n'est pas un travail de philosophe, me semble-t-il. Je vous pose deux questions : le langage philosophique peut-il se contenter de métaphores? J'ai essayé de rendre compte sur l'exemple de l'emploi métaphorique du mot « énigme », des difficultés que cela suscite, et, en citant Aristote, de l'obscurité dans laquelle je me trouve plongé. En deuxième lieu, la différence entre philosophie et critique ne se situerait-elle pas dans l'emploi du langage? Le critique d'art non seulement a le droit, mais il lui est très difficile de ne pas recourir à des métaphores, alors que le philosophe devrait, à la limite, ou bien utiliser des métaphores usées, c'est-à-dire des métaphores qui ont perdu finalement leur statut métaphorique, ou bien s'efforcer d'élucider la signification des métaphores qu'il emploie, au risque de ressembler à ceux qui expliquent leurs plaisanteries.

    CHRISTINE BUCI-GLUCKSMANN : Je suis désolée de dire d'abord que l'« énigme de la visibilité » est une citation de Merleau-Ponty, et pas de moi, et que, au fond, la réponse à une énigme c'est l'aveuglement, c'est le tragique, en particulier. L'énigme que vous avez citée c'est précisément le geste que fait Oedipe de s'aveugler. Je joue un peu en disant que l'énigme de la visibilité, c'est l'aveuglement du visible : « à trop voir, on ne voit »; c'est cela que j'ai voulu donner à sentir. Mon propos n'était pas ici d'analyser des œuvres d'art. Quand j'ai employé l'idée d'une expression « inexpressive », ce n'est pas une métaphore, c'est un concept ou du moins c'est une idée en tant que telle. Prenez des tableaux de Bronzino. Vous vous apercevez que vous vous trouvez en face d'un regard qui ne regarde pas, les yeux fixes, vides, vidés. Ce regard fait obstacle, et, qui plus est, ce regard qui ne regarde pas est exactement sur le même mode que les colliers, la couleur des yeux, ou que le fond, des fonds bleus, ou que ce que j'appellerais l'élément décoratif du tableau. Ici on met en scène une expression inexpressive qui précisément fait que le tableau devient une pure superficie, que tout le fond remonte à la surface. Ceci est un exemple de ce que j'appellerais le rapport de la manière à l'idée. Car la manière de ces regards - et c'est encore beaucoup plus vrai dans l'autoportrait du Parmesan - c'est que, ce qu'il faut voir, c'est l'Idée. Mais pour voir l'Idée, précisément, il faut ce regard privé d'expression, qui fige la vérité douloureuse en formes. Autrement dit, la douleur pourrait avoir deux expressions : une douleur de l'excès, celle qu'analyse Nietzsche dans *la Naissance de la tragédie*, et Oedipe est, d'un certain point de vue, la forme de ces douleurs de l'excès; ce qu'on peut appeler la douleur du « figement », qu'analyse également Michel Schneider à propos de Schumann, cette sorte de note immobilisée de sa propre douleur. Je l'ai retrouvée dans des formes, dans l'étirement de la note infiniment douloureuse mais quasi immobilisée dans les madrigaux de Gesualdo et dans certains madrigaux maniéristes qui accompagnaient les tragédies de Shakespeare.

Je pense que les métaphores ne sont pas obscures, que l'on peut élaborer une théorie du langage indirect, qui a son sens précisément quand le sens n'est pas clair, et de toutes façons je préfère les fonds sombres aux fonds clairs. Car les fonds sombres ont cette propriété d'être infinis, et c'est précisément ça le fond de ce regard fixe du maniérisme : c'est le fond sombre.

    Lucien Stéphan : Le malentendu est complet; nous n'avons pas du tout la même idée de la philosophie. Vous avez beaucoup de talent lorsque vous évoquez justement les propriétés charnelles des œuvres, et pas seulement au moyen de métaphores. Mais il y a malentendu : vous prenez l'expression « expression inexpressive » et vous dites que c'est un concept. Pour moi, c'est un *oxymoron*. C'est là toute la différence : vous prenez des tropes pour des concepts.

    Christine Buci-Glucksmann : Eh oui! Parce que je pense que la philosophie est productive. Elle doit fournir de nouveaux instruments d'analyse, que j'appelle « pensée ». Si je me suis servi de Benjamin, c'est parce qu'il en a introduit quelques-uns assez forts : perte d'aura, reproductibilité, valeur d'exposition... J'ai commenté des tableaux de Rainer qui sont des tableaux recouverts - il ne s'agit plus de peindre mais de dépeindre lyriquement et inexpressivement, comme si l'autoportrait devait se couvrir lui-même en quelque sorte de sa propre peinture pour ne plus voir et assumer la mort. Je crois qu'il y a là une entrée dans un certain type d'œuvres par des tropes. Mais si je fais retour à la Naissance de l'esthétique, les maniéristes et les baroques parlaient du *concetto*. *Le concetto* n'était pas justement un concept au sens aristotélicien ou au sens du jugement cognitif kantien; ce n'était pas une catégorie au sens philosophique mais quelque chose comme un langage indirect, une pensée figurale liant rhétorique et esthétique. L'art a besoin d'une pensée figurale qui s'origine dans l'affect, comme rapport au sens. Cela présuppose justement une rhétorique post-aristotélicienne, allant au-delà de la définition classique de la métaphore. Le « voile » du beau est aussi celui de l'Idée...

CATHERINE PERRET : Je ne voudrais pas qu'on termine sur cette idée des fonds sombres, mais qu'on en reste à cette grâce de la mélancolie que vous nous avez rendue ce matin.

Position subjective
et lieux du discours

Birgit Pelzer

Le fil conducteur de mes recherches est le concept du sujet et le lieu des discours. C'est ce fil que je m'efforce, par des points de départ divers, de dégager.

Il nous faut constater que l'art contemporain et sa théorie sont dominés par un malentendu quant à ces deux notions. La place du sujet semble être désertée du lieu même de la pratique contemporaine. Qu'il s'agisse d'objets ou d'installations, l'investissement semble aller tout entier au lieu du discours. Cette désertion et cet investissement rejoignent et participent de la structure même du sujet de la chaîne signifiante, proche du sujet de la science. Ils marquent un rapport particulier au savoir. Or cette place désertée et ce lieu investi ne suffisent pas à rendre compte de l'expérience d'une pratique et du rapport qu'un sujet entretient, noue avec les signifiants. Ils ne rendent pas compte de la position du sujet en tant qu'elle n'est pas celle du signifiant.

En effet, où se place l'assentiment du sujet? Comment trancher le problème du consentement subjectif? Comment ces fonctions peuvent-elles être compatibles dès lors que voisinent dans la pratique la notion d'un déterminisme du sujet - notion accentuée par Lacan - et la valeur de l'initiative, de la décision, d'autant plus que cette position, cette décision se répercutent tout au long d'une pratique.

Ceci nous conduit à la difficulté de tout rapport possible entre un sujet et un réel que le discours ou la pratique tendent à cerner et à constituer comme réalité. En effet, comment différencier et lier des notions telles que réel et réalité? Quel est l'accord, la distinction à faire entre ces termes? Si le rapport du sujet à la réalité n'est pas l'ajustement, l'adéquation, mais le discord, la discordance, le « s'en détourner », la réalité serait le réel en tant que discours, le réel symbolisé. Le réel étant défini comme l'impossible à supporter, la réalité est ce dont on s'accommode, ce qui sert justement à préserver le sujet du réel. De ce fait, la réalité est toujours déjà tissée d'un repérage symbolique. Le réel, quant à lui, peut se définir comme le domaine de ce qui subsiste hors symbolique, hors imaginaire. Par là même il désigne l'impossible. Or l'art ne se soutient-il pas d'un tel rapport à l'impossible ? Comment rendre compte de l'incidence d'un acte symbolique sur le réel ?

Pour cette intervention à Rennes, je prendrai appui, concernant le concept de sujet et le lieu des discours, sur les *Ecrits* de Jacques Lacan[1], et j'emprunterai aux commentaires de Jacques-Alain Miller[2], Serge Cottet[3] et Colette Soler[4].
Par ailleurs, concernant la réflexion esthétique, j'ai délimité mon choix à un ensemble de fragments sélectionnés par Daniel Buren dans ses propres textes pour un catalogue de l'ARC en 1983[5]. En effet, ces textes rejoignent, au-delà de la démarche particulière de Buren, une interrogation fondamentale quant aux rapports de l'art aux lieux et aux discours de l'Autre.
Tout en essayant de clarifier ce rapport, Buren participe cependant du malentendu énoncé quant à la place du sujet et à la notion de réalité. A la lecture de ses textes se produit, par conséquent, un mouvement en spirale, où l'on rencontre à la fois des points de convergence et des positions qui se situent aux antipodes de tout rapport. La difficulté et le malaise que l'on rencontre tiennent à cette alternance de jonctions et de disjonctions.

1.
Jacques Lacan, *Ecrits,* Paris : Seuil, 1966.
2.
Jacques-Alain Miller, Cours de 1983-1984 : « Des réponses du réel »,
Cours de 1986-1987 : « Ce qui fait insigne »,
Cours de 1987-1988 : « Cause et consentement », cours prononcés dans le cadre
du département de psychanalyse de l'université Paris VIII, retranscriptions à partir
du texte de Jacques Peraldi.
3.
Serge Cottet, « Je pense où je ne suis pas, je suis où je ne pense pas »,
in *Lacan,* sous la dir. de Gérard Miller, Paris : Bordas, 1987.
4.
Colette Soler, séminaire de 1987-1988 : *Le Réel dans l'expérience analytique,*
dans le cadre du département de psychanalyse de l'université Paris VIII.
5.
Daniel Buren, *Points de vue,* 6 mai-12 juin 1983, ARC, Musée d'art moderne
de la ville de Paris, exposition organisée par Suzanne Pagé et Annie Mérie
avec la collaboration de Germaine Cizeron.

Mais à travers leur variation même peut s'entrevoir la béance d'un enjeu largement évité dans le discours de l'art contemporain, et dont il y a, certes, à retrouver le sens.

   Lacan a marqué que, si le discours de la science est un discours de la suppression du sujet, le sujet n'en est pas supprimé pour autant, qu'au contraire cette exclusion a des conséquences dans la réalité et que dès lors il y avait à s'en inquiéter.

Buren, quant à lui, a toujours accompagné sa pratique, qu'il disait prioritairement visuelle, d'une élaboration théorique dans un champ qu'il n'a cessé de qualifier d'expérimental. Ainsi peut-on dire qu'il a tenté de soutenir dans son travail le rapport théorie/pratique. En cherchant à montrer qu'il n'y a pas entre les deux un tranchant si net, que sa pratique relance la théorie et l'inverse. Cependant le danger, dit-il, est de confondre les textes et les œuvres. En effet, les textes, faciles à rassembler, à circonscrire, peuvent occulter une œuvre qui vit de son existence ponctuelle et éphémère. Or la théorie d'un artiste ne peut apparaître que dans sa pratique : « La pratique picturale entreprise depuis 1965 est le lieu d'où parlent les textes[6]. »

Dès lors, quels sont les points de suture entre théorie et pratique? Il y aurait à repérer la place d'où l'artiste opère et la place d'où opère le théoricien. Lorsque Buren nous dit que la théorie est contenue dans la démarche visuelle, comment expliquer cette nécessité pour lui d'en passer par les mots, les formulations, l'urgence d'établir à travers les textes un certain registre de l'interprétation? Cherche-t-il à pointer là un savoir particulier qu'il y aurait dans l'art? A le rendre communicable?

   Manifestement, la nécessité d'interroger le rapport du texte à l'œuvre visuelle muette a fait partie pour lui de la volonté de soutenir un travail expérimental : « Quand le système veut garder un pouvoir qui n'existe plus, c'est évidemment au détriment de l'expérimentation des

---

6.
Daniel Buren, catalogue ARC 1983,
Pourquoi des textes ou le lieu d'où j'interviens, 1973.
Le catalogue étant sans pagination, le repérage se fera, à chaque fois,
par rapport aux titres des extraits de Buren.

idées[7]. » Buren considère que tout son travail est expérimental, c'est-à-dire qu'il se définit par une intensité de questionnement, qu'il s'alimente d'un doute perpétuel et non d'une vérité acquise : « Quant à mon propre travail, je l'ai toujours considéré comme expérimental, et j'espère lui garder ce caractère le plus longtemps possible[8]. » Il soutiendra dès lors toujours, encore en 1983[9], que savoir si c'est ou non de l'art est une question tout à fait secondaire.

Le rapport au lieu des discours est avant tout pour lui un rapport qui se veut critique, un rapport de déconstruction qui cherche cependant à se démarquer des complicités d'une contestation systématique. Comme dit Buren, « critiquer une chose n'est pas lui échapper[10] ». Et ailleurs, « La critique est nécessaire, mais jamais suffisante[11] », la pure et simple contestation étant sans risque et, en fait, un renforcement du système. Il a répondu, quant au lieu de l'Autre, en liant son travail le plus souvent à un lieu et à un temps donné, le *« in situ »* au nom duquel l'œuvre n'existe pas pour elle-même. Il a prétendu, quant à lui, approcher la réalité du quotidien et intégrer la contingence des circonstances changeantes (y compris les commandes), et ce au moyen d'un même outil - le signe rayé - qui lui permettrait de traverser les différents temps et lieux donnés.

Il nous faudra préciser la notion d'une pratique expérimentale et son éventuel rapport au discours.
En effet, nous pourrions dire que la théorie esthétique s'élabore à partir du singulier, en instaurant un rapport particulier de l'ignorance au savoir. Le singulier nous introduit précisément à la question du sujet.

7.
Daniel Buren, catalogue ARC 1983, *Entretien avec Marlis Grüterich*, 1978.
8.
Idem.
9.
Daniel Buren, " Matériau rayé non identifié ",
entretien avec Delphine Renard, in *Art Press* n°69, avril 1983.
10.
Daniel Buren, catalogue ARC, 1983, *Entretien avec Suzanne Pagé*.
11.
" Un Autre style : la colonne burennique ", entretien avec Serge Guilbaut,
in *Parachute* n°48, Montréal, sept.-nov. 1987, p. 6.

Dans cette intervention, nous nous centrerons plus particulièrement sur le sujet de la science d'une part, et sur le sujet d'une pratique esthétique d'autre part. C'est que la pratique artistique et les discours qu'elle suscite sont imprégnés du discours de la science qui se supporte de la mise en déroute du sujet. Or, dans la pratique artistique, la place du sujet ne s'avère-t-elle pas d'un autre ordre? Cet ordre reste à interroger d'être indissolublement lié dans la modernité à l'émergence d'un discours scientifique, dont l'incidence n'a pas cessé de produire ses effets.

De quel discours l'art, aimanté par une telle destitution du sujet, peut-il dès lors se soutenir? Comment se supporte-t-il du discours qui l'établit au nom d'une telle exclusion? Comment l'art visuel s'articule-t-il aux repérages du champ de l'Autre?

Ainsi le sujet de la science qui dérive de la combinatoire des signifiants, sujet déterminé, marque un écart avec le sujet esthétique, relatif à une pratique, aux modalités de décision par rapport à l'articulation signifiante. Cet écart introduit à la question de la position subjective. Que signifie être responsable de sa position de sujet? Qu'entendons-nous par cet écart entre le sujet de la science et la position subjective?

La science[12] part d'un postulat d'homogénéité du savoir et du réel. C'est ce qui permet son déterminisme. En effet, pour aborder le réel de manière scientifique, il faut supposer que des signifiants s'y articulent, mais s'y articulent tout seuls, c'est-à-dire ne représentent rien. La science invente le signifiant qui ne veut rien dire, le signifiant asémantique, celui-ci étant autre chose qu'un signifiant sémantique qui se définit de porter du vouloir-dire. C'est l'écriture mathématique qui permet de trouver du savoir dans le réel. Le signifiant asémantique, qu'on ne peut isoler, a un effet de savoir. Ainsi Galilée a-t-il non seulement posé, à l'encontre d'Aristote, la question « cessons de vouloir comprendre ce qu'est une force, voyons comment elle fonctionne »; il s'est surtout aperçu que la nature est écrite en langage mathématique. De quel type de rapport au réel s'agit-il pour pouvoir faire de la science? Si on définit le réel comme le « hors-symbolique », l'insensé, alors la science, les mathématiques,

---

12. Pour tout ce paragraphe, cf. Jacques Lacan, *La Science et la vérité, Ecrits*, p. 855-877, ainsi que les cours de Jacques-Alain Miller *Cause et consentement et Des réponses du réel*.

la logique travaillent dans le domaine de l'insensé. La caractéristique de la science par cette opération de manipulation de petites lettres et de nombres est de réussir à vider le monde de sens. Le mathème scientifique dans notre histoire a fait taire le réel. Lacan écrit : « La science gagne sur le réel en le réduisant au signal, mais elle réduit aussi le réel au mutisme[13]. »

Dès lors, on obtient une valeur opératoire du réel. Dans la science, le réel semble répondre. On suppose qu'il y a - là même - une articulation logique. On va donc calculer, repérer les constances, les mesurer comme autant de réponses du réel. Le savoir dans le réel, c'est quand ça tourne, ça fonctionne. Evidemment tout dépend de la question qu'on lui pose. Il répond du moment qu'on lui pose les bonnes questions, les questions dans son langage. La science parle le langage du savoir dans le réel. Ainsi Leibniz marquait-il déjà qu'il y a dans la science une logique de la pensée aveugle : ça s'enchaîne à la limite tout seul. Pour dire que les planètes s'attirent, il faut fermer les yeux, et calculer[14].

Mais si la science moderne s'institue de supposer un savoir dans le réel, c'est à condition de reléguer le sujet. La science implique une référence à un savoir constitué, transmissible. On parle au nom de l'objectivité. Les petites lettres et les chiffres tiennent de leur seule cohérence. Aucune subjectivité n'importe pour leur intelligibilité, là même où un sujet est indispensable à leur maniement. Quel enjeu comporte dès lors le savoir scientifique quant au corrélat du sujet? Le sujet de la science s'énonce à un moment historiquement défini, celui du sujet cartésien, qui, à partir de son refus de donner crédit à l'évidence, inaugure un certain rapport au savoir. Réduisant la science à ce que les mathématiques permettent de démontrer, Descartes met le sujet hors circuit. Mis à part son statut de corrélat ponctuel, évanouissant, le sujet n'est qu'une puissance d'illusion[15]. Or ce statut hors jeu du sujet dans la science entraîne un

---

13.
Jacques Lacan, 1953, cité par Jacques-Alain Millet dans *Des réponses du réel,* Tome I.
14.
Jacques-Alain Miller, *Cause et consentement,* p. 41.
15.
Jacques Lacan, *Ecrits,* page 831 : La certitude du savoir chez Descartes s'atteint de marquer dans le cogito « la rupture avec toute assurance conditionnée dans l'intuition ».

« tout est permis ». Le sujet, en l'occurrence, est défini par son irresponsabilité. En effet, pour le sujet de la science, il n'est pas d'interdit qui tienne. Pour pouvoir poursuivre des découvertes scientifiques liées au déroulement de l'articulation signifiante, le sujet est mis entre parenthèses. Pour peu qu'il se sente l'agent de cette logique, et donc responsable, rien ne va plus. On ne peut jamais freiner une découverte scientifique, on ne peut empêcher que ce qui peut être fait soit fait.

Cette suspension du sujet pointe toutefois un impensable que Lacan a désigné comme un mode de méconnaissance. Evoquant le *Ménon* de Platon, il dit : « C'est là que gît l'erreur de croire que ce que la science constitue par l'intervention de la fonction symbolique était là depuis toujours[16]. » Il donnera un nom à cette erreur qui consiste à croire que ce qui est constitué de la science existe depuis toujours : le sujet supposé savoir. Ce sujet supposé savoir est une instance logique que l'on met en fonction dans le registre même de la référence au savoir, en tant qu'elle est faite d'une supputation à l'Autre[17].

Qu'en est-il dès lors de *la position subjective?* Il y a un écart entre le sujet de la science, le sujet cartésien, lié à l'articulation signifiante - ce sujet du côté du déterminisme qui n'a pas son mot à dire - et un autre sujet, défini comme un centre d'initiative, comme exigence, urgence de décision - le sujet du côté de l'éthique. Cette démarcation, Lacan a voulu la souligner en écrivant en 1965, dans *la Science et la vérité,* le texte qui clôture les *Ecrits* : « De notre position de sujet, nous sommes toujours responsables[18]. » Il ajoutait : « Qu'on appelle cela où l'on veut, du terrorisme. » Autrement dit, aucun

---

16.
Jacques Lacan, Le *Séminaire II :* « Le moi dans la théorie de Freud et dans la technique de la psychanalyse », Paris : Seuil, p. 29.
17.
Concernant la méprise du sujet supposé savoir, cf. aussi *Scilicet* n°1, p. 32, et le *Séminaire III,* p. 77. De même, Serge Cottet, op. cit., p. 25 :
« Le savoir précède le sujet et non pas l'inverse, ce n'est pas le savoir
qui est une supposition. Le savoir est dans le réel comme la science moderne le révèle.
Ce qui est supposé, c'est qu'un sujet travaille à ce savoir. »
18.
Jacques Lacan, *Ecrits,* p. 858.

déterminisme ne nous absout de notre position subjective. Ce sujet parlant, causé par le signifiant, qui a tout pour être innocent, il faut maintenir pourtant que c'est un sujet responsable. En effet, quand on a déployé tout ce qui peut se déployer de signification, il reste un inconditionné.

Mais qu'est-ce qu'une position subjective? Est-elle liée à une décision, à un choix que cette position comporte? La question inclut celle de l'assentiment et de l'entérinement. Où se place l'assentiment du sujet? Où son refus?

Cette question de la position subjective renvoie à la question des rapports du dit au dire. La position du sujet jamais ne s'épuise du fait des dits, il tente de s'inscrire de son dire par rapport à ces dits. Nous verrons que Buren n'a cessé de souligner, dans la pratique visuelle, l'irréductibilité du dire. Il n'a cessé de pointer, je cite « l'impossible et infranchissable distance entre deux 'dires'[19] ».

S'il y a donc une différence entre le dire et les dits, le sujet responsable n'est cependant pas antinomique avec la fonction du signifiant. Faut-il rappeler que l'ordre symbolique précède toujours l'inscription du sujet? En effet, il y a antériorité d'une structure qui est là, qu'on y croie ou non, mais cela n'entraîne pas qu'on puisse éliminer la relation que le sujet a à cette structure.

Il faut que le réel ait été symbolisé pour qu'il puisse venir à se dire. C'est même là la racine du jugement attributif. Mais il reste toute la question des modalités de l'assentiment que le sujet donne ou non dans son rapport à l'articulation signifiante. Car ni l'assentiment ni le refus ne sont entièrement déductibles de cette articulation. Or il y a une incroyable complexité des modalités subjectives par rapport à la structure symbolique. « Les dits se modalisent de toutes les positions que le sujet peut prendre à l'endroit du signifiant[20]. » Le dire ainsi ne relève pas du seul symbolique, il n'obéit pas à la seule division signifiante. Accéder à un dire, c'est accéder à un réel dans le symbolique et par le symbolique.

19.
Daniel Buren, " Pourquoi écrire? ou : une fois n'est pas coutume ", in *Les Couleurs : sculptures. Les Formes : peintures,* Musée national d'art moderne, The Press of Nova Scotia College of Art and Design, 1981.

20.
Jacques-Alain Miller, cours *Cause et consentement*, p. 22.

En effet, si le sujet peut prendre position par rapport au signifiant, c'est bien qu'il a une marge quant à lui. La relation du sujet à son propre dit se qualifie d'un recul énonciatif où le sujet peut donner ou non son assentiment à ce que son dit le représente. Le statut du sujet responsable est lié à un entérinement, il touche à ce que Lacan définit comme l'éthique du bien dire.

Les modalités de l'assentiment subjectif instaurent ainsi un certain type de rapport à l'ordre symbolique. En matière d'esthétique, le jugement d'attribution se spécifie comme jugement de valeur. Le sujet opère à partir de ses signifiants idéaux, c'est-à-dire les signifiants d'où l'on évalue. Or, ce signifiant d'où l'on évalue ce que cela vaut, c'est un signifiant idéal.

Faut-il rappeler que les idéaux sont commandés? Ce qui importe c'est d'où ils sont commandés[21]. En effet, il y a cette question d'où parlent les savoirs. Dans chaque discours, le terme signifiant-maître - le « ce au nom de quoi » le sujet parle, s'identifie ou se lie aux autres - occupe une position distincte. Ce qui fait cohésion et lien social, c'est précisément l'identification à un même signifiant-idéal. Si donc le terme signifiant-maître est une nécessité structurelle dans chaque discours, toutes les figures de l'idéal ne s'équivalent pas. Il y a à repérer cet arrimage du savoir au signifiant-maître dont il est l'effet. Il y a certes à préserver le savoir de l'opacité à laquelle il tend quant à cet arrimage. D'où suivent alors, et on peut dire qu'elles sont légion, les multiples formes du mésusage de l'idéal - un mésusage de l'idéal qui se répercute dans le dérèglement des pratiques.

Si nous sommes ici convoqués à analyser « la place du goût dans la production des concepts et leur destin critique », nous sommes en quelque sorte convoqués à rendre compte de quel type d'idéal et de signifiant-maître nous nous réclamons pour faire cette analyse. Nous sommes précisément invités à ne pas laisser à l'état de supposition ce qui fonde notre rapport à l'idéal. A chacun de dire quel Autre il fait exister. Il y a une responsabilité, certes, dans la mise en place de ce qui fait l'Autre pour chaque sujet. C'est même ce qui apparaît en toute clarté dans ce qu'on appelle le jugement de goût.

21.
Serge Cottet, op. cit., p. 20 : « Toutes les formes phénoménales de la dépendance de l'idéal montrent bien que la norme subjective n'est pas " dans " le sujet : celui-ci ne s'est constitué que dans le détour de l'Autre. »

A cet égard, Buren a marqué sa position, voire ses soupçons. Il a toujours dénoncé les pièges de la définition de l'art en tant que pratique d'un argument d'autorité. Qui décrète, au nom de quoi, « ceci est de l'art »? Ce décret, selon Buren, empêche toute interrogation. Dire tout de suite, dire d'avance que c'est de l'art n'interpelle, selon lui, précisément que l'assentiment et le rejet. C'est ce qui « permet de réduire l'ensemble du problème à une question de goût ». Cherchant à désamorcer l'arbitraire de l'auto-attribution, il poursuit : « L'artiste qui s'arroge le droit de dire ce que l'art est ou n'est pas, ne le peut qu'en vertu du pouvoir déjà conféré par le pouvoir - en l'occurrence, en système capitaliste, un pouvoir exorbitant quasi absolu et impossible à contrôler[22]. »

    Ceci nous reconduit au *lieu de l'Autre* que Buren a toujours désigné comme système, code, un contexte défini par ses limites, le rapport extérieur-intérieur, un certain discours enfin et ses ordres de validation. En effet, l'ordre symbolique organise le rapport à l'Autre : le lieu des discours comme lien social. Ce lieu de l'Autre et la notion d'un savoir possible qui s'y noue sont liés à l'émergence du sujet supposé savoir. Ce sujet-là est supposé savoir faire réponse.

De toute évidence, Buren a interpellé ces coordonnées symboliques. A partir d'un constat de dichotomie entre les œuvres d'art et la réalité où les œuvres circulent, sa question s'énonce, non sans ambiguïté : quelle peut être la réalité de la peinture, sinon celle du lieu où elle se tient? Buren dénonce donc le discours sur l'art qui prête aux œuvres un en-soi en taisant l'espace où elles se tiennent - le lieu de l'Autre. Il interroge ce au nom de quoi, dans ce lieu, s'assignent les places. En effet, le problème tient pour lui à une coïncidence abusive : le d'où est vue l'œuvre est aussi ce en vue de quoi elle est faite : « Cet endroit prétendument anonyme est devenu l'unique point de vue, l'endroit où irrémédiablement l'œuvre est faite, existe ou n'existe pas. »

Le seul médium d'où peut agir l'artiste est dès lors pour Buren le lieu de l'Autre - d'autant plus que son autorité dans le champ de l'art est camouflée. Elle ne semble jamais s'exercer ouvertement : « Si aujourd'hui l'institution est ouverte (à tout et à n'importe quoi), c'est parce que ne pouvant plus contrôler de façon visiblement autoritaire

---

22.
Daniel Buren, catalogue ARC, 1983, " Entretien avec Achille Bonito Oliva ", 1972.

comme par le passé, elle utilise le brouillage des cartes, et ainsi échappe aux questions véritables en les mélangeant dans un tohu-bohu inextricable. » Buren ajoute d'ailleurs que le problème qui se pose aujourd'hui, « c'est de voir, non pas où l'institution met un frein aux expérimentations, aux œuvres, mais comment elle pousse à produire une œuvre qui lui ressemble ». Utilisant l'idée de miroir réfléchissant, il poursuit : « L'artiste, qui naguère réfléchissait sur la toile blanche, doit aujourd'hui réfléchir sur l'image qu'on lui renvoie et dans laquelle son travail a tout bonnement disparu. Si la toile blanche faisait autrefois autorité et obstacle à la fois comme médium de l'expérimentation, c'est aujourd'hui l'autorité de l'institution le seul médium de l'artiste. »

Dès *Fonction de l'atelier* en 1971[23], Buren mettait en évidence la contradiction selon laquelle « l'œuvre n'a lieu que hors de son lieu ». Ce transfert de l'œuvre, du lieu où elle se fait au musée où elle se voit, n'est possible, selon lui, qu'à deux conditions :
- primo, qu'il y ait la croyance « que le lieu définitif de l'œuvre, c'est l'œuvre elle-même », croyance qui permet d'échapper à toute interrogation sur les conditions de visibilité;
- secundo, que le créateur implicitement s'adapte d'avance à un lieu type, d'où le risque d'une banalisation du travail.

Ce transfert du lieu de production de l'œuvre à son lieu d'exposition et de consommation a donc, selon Buren, non seulement une fonction idéalisante et sclérosante, mais, surtout, « dans ce déplacement l'essentiel de l'œuvre se perd ». C'est cette expérience d'une perte, d'une disparition qui a amené Buren à poser le problème de la place de l'œuvre comme étant constitutive de sa signification. Ce qui disparaissait dans ce déplacement était, selon lui, « la réalité de l'œuvre, son lien avec son auteur et son lieu de création[24] ».

Ne nous faut-il pas interroger une telle supposition quant à la notion de réalité de l'œuvre? Buren nous dit que l'essentiel d'une œuvre se perd dans le déplacement de son lieu de production. Etant donné cette perte, il a proposé une inversion : partir du lieu d'exposition. Or ce qui me semble constituer l'enjeu aujourd'hui devrait attester un double renversement :

23.
Daniel Buren, catalogue ARC, 1983, *Fonction de l'atelier*, 1970-1971.
24.
Idem.

qu'il y ait à la fois une pratique qui se constitue du fait de la pensée d'un sujet, indépendamment en quelque sorte d'un lieu institutionnel x ou y, mais qu'évidemment cette pratique trouve une interaction avec l'espace institutionnel, le lieu des discours, qu'elle puisse y produire des sens inédits. Bien sûr, le risque est grand quant à la puissance de digestion et de pacification du système symbolique que l'acte soit annulé. Buren soulignait ainsi que le système du musée cadavérise l'œuvre, que l'isolement privilégié dont elle bénéficie là ne témoigne que d'une extraordinaire subtilité pour en empêcher la lecture. Et encore : « Le musée arrive à pacifier avec une terrible rapidité les discours les plus intéressants[25]. » Cela voudrait-il dire que la résistance d'une œuvre visuelle, le déroulement mental dont elle peut se soutenir, est nul? Et qu'un lieu symbolique ne témoignerait d'aucune histoire? En même temps, nous ne pouvons que marquer notre accord avec Buren quant à son interrogation sur la place précise qu'occupent les œuvres d'art et le sens de cette place : « Dans quel pays? Sur quel mur? Dans quel environnement? Qui les place? Qui les déplace? Qui les regarde? Qui les vend? Qui les achète? Qui les vole? Et pourquoi? Qui les camoufle? Qui les restaure? Qui en parle? Et pourquoi? Pourquoi sont-elles exposées et pour qui?[26] »

Un certain optimisme stratégique conjecture ainsi un Autre du savoir qui saurait d'avance. Une stratégie comporte en effet que, dans l'Autre, ça pense, ça calcule, ça sait déjà.

L'Autre absolu, c'est précisément l'Autre qui est susceptible de fonder l'existence du sujet. Bien sûr, le sujet est l'effet du signifiant, de sa fonction différentielle de n'exister que relatif aux autres. Mais cela oblige à raisonner à partir d'un lieu des signifiants qui serait la condition de leur consistance. Cela conduit à la problématique de l'ensemble. Comment et à quelle condition les signifiants tiennent-ils ensemble?

La fonction de l'Autre est d'être le lieu du trésor des signifiants, du code, de la loi. Dès lors s'adresse cette question : que veux-tu? L'Autre, aussi bien, est requis de répondre. Or ce « que veux-tu? » glisse vers un « que

---

25.
" Entretien avec Serge Guilbaut ", in *Parachute,* n°48, p. 9.

26.
Daniel Buren, catalogue ARC, 1983, *Autour d'un manque ou qui a vu Judith et Holopherne,* 1979.

vaux-tu? ». En effet, qui dira ce que vaut ce trésor? Il ne suffit pas d'annoncer le trésor, encore faut-il que quelque chose assure de sa valeur. L'Autre est requis de répondre de la valeur du trésor des signifiants. L'Autre est sommé de répondre au « qu'est-ce qui en vaut la peine?[27] ».

L'Autre du langage, du code, de l'adresse ne reste d'ailleurs pas coi, il propose au sujet le moule des normes. Avant tout consentement, il tente de fixer les divers emplois du signifiant, leur univocité et ce à quoi se réfère le circuit des discours.

Mais aux questions « que veux-tu? », « que vaux-tu? », l'Autre peut-il donner une réponse? Répondre consiste à produire du savoir. Or toutes les réponses échouent à dire la vérité du sujet. Toute réponse ici est nécessairement lacunaire. En réalité, cette question qui s'adresse à l'Autre - l'Autre étant placé là comme détenant le savoir - introduit une incomplétude dans l'Autre. Or l'Autre est censé représenter le lieu des signifiants au grand complet, il n'y en a pas un qui manque, à ceci près qu'il n'y a pas de signifiant du sujet. Dans ce lieu de l'Autre, le sujet dans sa contingence ne peut compter qu'en tant que manque. Il ne tire sa valeur qu'à partir d'un déficit constitutif du signifiant. L'Autre ne sait jamais dire qui est tel sujet - par où s'indique que le sujet, ici, n'est pas le lieu du déterminisme, mais de l'indétermination.

A cette question du sujet, l'Autre ne sait donc pas répondre, il lui manque un signifiant à partir duquel le trésor des signifiants prendrait sa valeur. Ainsi, si l'Autre reste coi quand il s'agit de dire ce que vaut le trésor des signifiants, nous restons toujours embarrassés de la question : qui répondra au « est-ce que ça vaut la peine? ». Bien sûr, on aimerait que l'Autre sache, qu'il y ait un fondement qui donne sens au sujet, qu'il y ait un savoir constitué dans l'Autre. On souhaiterait bien sûr que le symbolique recouvre le réel, voire qu'il parvienne à épuiser le réel. Mais il n'y a pas d'Autre de l'Autre[28]. Il y a au contraire une incomplétude de l'Autre. Soit dit en passant, ceci laisse entrevoir le large éventail de ce qui dès lors peut occuper cette place où fait défaut la complétude de l'Autre,

---

27.
Pour ce passage, *cf.* Jacques Lacan, *Ecrits,* « Subversion du sujet et dialectique du désir », p. 818 et Colette Soler, *le Réel dans l'expérience psychanalytique.*

28.
Jacques Lacan, *Ecrits,* p. 818.

et engage l'interrogation quant à tout ce qui, d'orthodoxies, s'installe dans ce lieu où défaille le savoir.

C'est à proportion même de l'incomplétude de l'Autre que se pose le problème de l'assurer, de le fonder. Comment se placer par rapport à ce point de silence de l'Autre. Le discours de la science fait en tout cas le postulat que l'Autre sait, qu'en la circonstance on a affaire à un partenaire qui connaît les règles du jeu et les respecte. L'Autre comme consistant, qui ne dit pas une chose et son contraire, est ce qui fait la possibilité même du discours rationnel. Ainsi y a-t-il un rapport étrange entre le tout-pouvoir discrétionnaire de la réponse de l'Autre, qui décide d'où il entend, et un sujet comme partie prenante, qui fait naître cet espace de l'Autre qui l'inclut/exclut.

La pratique visuelle peut-elle dès lors se définir d'un rapport à ce point de silence de l'Autre ? Nous avons vu qu'il y a par structure un noyau irréductible au dire. Par contre, « ce qui ne peut se dire peut se voir, s'entendre, se faire, s'éprouver[29] ».

Ainsi le sujet cherche-t-il à s'inscrire non seulement par rapport au symbolique, mais encore par rapport au réel. En effet, l'être du sujet ne se réduit pas à la division par le signifiant, il y a aussi un sujet divisé en relation logique avec un objet nouveau, l'objet « a », dit cause du désir. Cet objet est aussi bien la cause de cette division que le bouchon qui s'offre pour colmater la brèche ouverte par le signifiant[30]. Or, l'objet, cela ne se raconte pas comme les signifiants. Cet objet qui tente de marquer le maintien de ce qui ne peut se dire, et qui comme produit tente de se détacher de l'impérialisme de la signification, instaure une position énigmatique par rapport au champ de l'Autre. Buren, qui a tant référé l'ensemble de son travail aux discours, n'a cessé de souligner en même temps que, s'il existe une théorie des arts plastiques, elle doit être de l'ordre du visuel, articulée et mise en œuvre dans le travail plastique lui-même. Pour lui, il est faux de considérer que la pensée ne peut s'exprimer qu'à travers le langage parlé ou écrit. C'est au contraire « la seule dignité et le seul véritable intérêt des arts plastiques que d'être une pensée sans

---

29.
Colette Soler, séminaire cité.
30.
Serge Cottet, *op. cit.*, p. 25.

mots, sinon à l'abri des mots ». Il poursuit : « Le texte ne dira jamais ce qui de l'œuvre est essentiel à cette œuvre. Là se trouve l'indicible. Et bien entendu j'espère que le résidu irréductible de mon travail visuel est ineffable[31]. » La pratique artistique tendrait en quelque sorte à surmonter la relativité foncière du signifiant binaire, préalable au sujet, par le signe unaire qui serait indice de singularité. D'où le paradoxe, chez Buren, du signe reconnaissable : « Maintenant ce signe, en tant qu'élément d'un tout que je revendique comme étant mon travail, ne peut jamais seul se trouver accroché à mon nom, puisqu'aussi bien je ne l'ai jamais utilisé pour lui-même, ni en tant que tel, ni en tant que fin. Ce qui n'empêche pas le paradoxe suivant que c'est le plus souvent par ce signe qui n'est ni à moi, ni de moi, qu'on me reconnaît alors que seul son agencement est de moi[32]. »

Les deux axes développés ici, celui de l'apport du texte théorique à l'art visuel et celui d'une pratique liée à un travail expérimental, se rejoignent chez Buren dans la question de l'outil comme outil critique et comme outil visuel. « J'espère donc que mon travail est non seulement un outil critique questionnant, mais aussi, dans le meilleur des cas, une proposition plastique évidente[33]. » Buren souligne que si l'outil visuel est ainsi une surface neutre, anonyme, passive, cela ne veut pas dire pour autant que ce qu'il effectue par l'outil est neutre, anonyme, passif[34]. Dans une indispensable disjonction de la fin et des moyens, il importe de dissocier la visée - qui est de libérer le regard au lieu de l'asservir - de l'outil que cette visée se donne.

Buren interroge la nature de ce signe : « Quel est son signifié? Est-il impératif, informatif, suggestif? Je dirai que sa signification dépend de son placement et de son utilisation... Ce qui implique d'ailleurs que sa nature n'est pas *a priori* explicite et que seul son agencement peut l'être. Bien que réel, il n'a pas d'efficacité ou de valeur

---

31. Daniel Buren, catalogue ARC, 1983, " Entretien avec Suzanne Pagé ".
32. Idem.
33. Idem.
34. Idem.

en soi[35]. » Nous avons vu que Buren, qui inscrit son travail dans une pratique artistique, a cependant toujours ressenti la nécessité d'écrire, d'accompagner son travail plastique d'un support de textes. Toutefois, de la pratique à la théorie, quel est le point de relais ? En quoi une telle pratique visuelle muette doit-elle en passer par les signifiants ? En quoi le tranchant d'un travail conceptuel est-il d'abord dû à l'incidence d'une pratique ? Ces deux points rejoignent un questionnement plus large qu'il faudrait poursuivre quant aux enjeux d'une pratique et à ses rapports externes/internes au lieu de l'Autre. Rappelons que pour Buren le « dire » d'une œuvre visuelle est irréductible à tout autre dire : « Tous les textes ne diront que bien peu ce qui est essentiel dans le domaine du visible. Et c'est justement autour du problème posé par cette impossible et infranchissable distance entre deux " dires " que résident les meilleurs, les plus compréhensifs écrits sur les arts visuels[36]. »

Nous avons vu que la singularité que toute pratique cherche à inscrire est précisément ce que le discours de la science ne peut pas tolérer. Nous ne sommes pas ici, comme la science le postule, du côté de l'exactitude, des réponses articulées, enchaînées dans le savoir. Nous sommes du côté d'une foncière, irrésorbable discontinuité du sujet. La pratique viserait un autre réel que celui de la science - un réel incalculable, sans assurance-fin.

En effet, la visée d'une pratique visuelle aiguiserait un certain rapport avec l'Autre en tant qu'il manque du signifiant représentant le sujet, elle serait une façon d'assurer une relation complexe avec cet Autre en tant que manque impossible à combler. La difficulté en l'occurrence tient à ce que le sujet est lui-même supposé au savoir dans lequel il consiste.

Ainsi une pratique, là-même où elle aurait des résultats, n'en est pas éclairée de ce fait. On ne peut justement pas la réduire à un savoir-faire, à une technique et à son apprentissage. Si la pratique était de l'ordre du pur savoir-faire et du sens, elle tomberait dans le registre de l'opérativité. Or une pratique visuelle n'est pas réductible à ce registre de la technique, du scientifique. Elle est plutôt du côté de ce qui tente de s'en écarter, du côté de l'éthique, du « ne pas comprendre » - l'éthique étant justement définie

---

35.
Idem.

36.
Daniel Buren, in *Les Couleurs : sculptures. Les Formes : peintures...* déjà cité.

par ce qui nous éloigne du familier, par ce qui va à l'encontre de l'habitude, de la routine.

La pratique visuelle s'alimente dès lors d'une butée, d'une incompréhension. Elle produit une torsion par rapport au savoir. Elle relève en réalité du « que faire? ». Le « que faire? » se pose à chaque fois qu'on atteint ce niveau d'incomplétude, de vacillement, d'inconsistance de l'Autre. Par là s'éclaire la phrase énigmatique de Freud, « Wo Es war soll ich werden », qui demande l'advenue du Je là où c'était l'Autre. Ce qui nous reconduit à la position subjective et au choix que comporte cette position. La question de l'esthétique comporte qu'il y ait un Je qui soit advenu. Mais sous quelle forme? Les réponses dont il s'agit se situent au niveau de la constitution d'un savoir imprévisible quant à son contenu, mais cependant non contingent. La pratique esthétique nous introduit à une imprévisibilité du sens. C'est précisément parce que le sens n'est pas déterminé qu'il y a à donner du sens. Ceci marque encore une fois une différence avec le discours de la science. Là même où la voie de l'expérimentation scientifique suppose un rapport calculable de la cause à l'effet, que les effets s'expliquent par des causes homogènes, ici le registre du sens introduit une rupture. Le sens fait question, il perturbe les rapports de la cause à l'effet. Est-il possible d'imaginer un objet qui serait comme un savoir, mais disjoint du lieu de l'Autre, un savoir hors communication?

Le réel, dans la pratique artistique, nous le cherchons du côté de l'impossible à dire, du côté de la limite de l'élaboration symbolique. L'impossible à dire, qui a trait par ailleurs à l'incomplétude de l'Autre, ou encore au manque-à-être que la parole par essence porte, désigne en fait une incompatibilité de la parole et du réel. Le réel étant défini comme l'impossible, est de plus ce qui revient à la même place. Le réel, c'est l'irrémédiablement à sa place. Encore faut-il savoir laquelle. D'autant plus qu'il revient à la même place en tant que cette place est pour nous hors d'atteinte. Dès lors, comment un sujet peut-il, dans les liens qu'il noue au discours, rendre compte de l'incidence du symbolique sur le réel?

Débat

Modérateur : **Catherine Perret**

CATHERINE PERRET : On peut presque regretter que l'intervention de Christine Buci-Glucksmann ait précédé celle de Birgit Pelzer, pour autant qu'elle aurait pu fournir un début de réponse et que cette incomplétude de l'autre est au centre de l'une et de l'autre intervention, avec, paradoxalement, une mélancolie beaucoup plus grande me semble-t-il dans le propos de Birgit Pelzer que dans celui de Christine Buci-Glucksmann.

BIRGIT PELZER : La mélancolie n'a rien à voir. Je suis désolée. Rien.

CATHERINE PERRET : Je voudrais peut-être reprendre simplement ce que j'ai cru comprendre de votre interprétation de Buren et de votre analyse de l'ambiguïté de Buren : Buren est à la fois tout prêt à croire que l'autre sait, pour autant que Buren est prêt à jouer au plus fin avec la stratégie de l'institution, mais, par ailleurs, il semble admettre aussi que l'autre serait faillé et ne serait pas en mesure d'apporter la réponse que demande le sujet, puisque Buren continue à dire que le visible reste ineffable. J'ai le sentiment que vous analysez ainsi cette ambiguïté chez Buren, et que votre réponse, si j'ai bien compris, au fait que Buren ne puisse pas échapper à cette ambiguïté, tient à ce que, chez lui, il y aurait une impossibilité de passer du dit au dire, c'est-à-dire une impossibilité de penser la position subjective en termes d'histoire, en termes d'incidence. Je crois que le terme d'« incidence » sur lequel vous avez terminé votre communication est très important au sens où ce qu'il y a dans la répétition de ce même trait unaire, de la même rayure chez Buren, ne serait-ce pas justement l'impossibilité d'une histoire du sujet qui permette au fond de trancher dans l'ambiguïté et d'accéder à cette défaillance de l'autre, mais de manière qui au fond soit décisive, qui soit une décision?

BIRGIT PELZER : De toutes façons, il fait le postulat qu'il faut partir du lieu de l'Autre. Il ne tente pas de placer la flèche en sens inverse. Mais à partir du moment où il part du lieu de l'Autre, il tente une interaction avec lui, donc il essaie de produire une proposition artistique, mais sa position est de partir de là. On pourrait mettre en doute cette prémisse.

De toutes façons, il y a à retrouver une interaction entre la position d'un sujet et ce lieu.

> CATHERINE PERRET : Oui. Je crois qu'il y a quand même un problème qui se pose : on a le sentiment que le sujet de l'esthétique et le sujet de l'éthique ne font plus qu'un, au sens où cette décision, dont vous parlez, c'est une décision éthique.

> BIRGIT PELZER : Je ne dis pas qu'ils ne font qu'un, mais je pense qu'il y a une jointure qui relève en tout cas, par rapport au registre du sujet de la science, d'un registre opposé, en ce sens que là nous sommes dans un registre de la détermination. C'est un sujet qui essaye de se situer par rapport à l'articulation de la science; difficilement.

> CATHERINE PERRET : Je reviens sur le terme d'incidence, ou sur ces phrases que vous avez prononcées et qui me semblent extrêmement importantes, où vous disiez - je vais les citer parce que votre texte est d'une telle précision qu'on n'a pas du tout envie de le détourner : « Cela voudrait-il dire que la résistance d'une œuvre visuelle, le déroulement mental dont elle peut se soutenir est nul? Et qu'un lieu symbolique ne témoignerait d'aucune histoire? ». Il me semble que là est le pivot de votre intervention, et c'est à ce sujet que j'aimerais avoir votre réponse.

> BIRGIT PELZER : Oui, je voudrais indiquer ma position par rapport à cet ensemble de textes sélectionnés par Buren pour le catalogue de l'ARC. Je pense en effet qu'il y a à postuler qu'une pensée peut être plus forte qu'un support. Il y a à postuler cela, et on ne peut pas partir du principe que de toute façon le support est le plus fort. Il faut faire, il me semble, l'hypothèse inverse. L'hypothèse de Buren, c'est en effet de donner très peu de statut en même temps à cette institution. Or, malgré tout, c'est important qu'elle existe et témoigne de l'histoire.

> CATHERINE PERRET : Je pense qu'il y a un tas de questions sur votre intervention?

> JACQUES LEENHARDT : Je relierais volontiers aussi ce qu'on vient d'entendre à ce que disait Christine Buci-Glucksmann quant à la manière. Il est vrai que nous avons tous une manière de travailler dans le langage. Maintenant, je me demande jusqu'à quel point les questions restent encore lisibles, et donc affrontables, lorsqu'elles sont enrobées de tant de « manières ». Par conséquent, je voudrais tenter de revenir à une lecture simple des enjeux énoncés. Buren affronte l'institution. Voilà qui est clair, voilà qui est même un problème fondamental de toute création artistique, déjà évoqué hier à propos de Hume. Au fond, cette problématique n'est pas nouvelle, elle est constante, elle est la question

constante de la création artistique. Qu'est-ce qu'un sujet artiste qui affronte un art déjà là ? Sartre distinguait à cet égard la littérature faite de la littérature à faire. Il y a, dans le langage analytique que vous avez employé, le symbolique, le lieu de l'autre, le socle, tout ce qui est déjà là. Comment, face à ce déjà là, un geste peut-il advenir ? Qu'en est-il de ce sujet qui tend à être, dès lors qu'il a été défini par Lacan et par Althusser par sa place, c'est-à-dire par la structure dans laquelle il se trouve pris ?

Buren, vous l'avez fort bien dit, joue l'institution; l'institution est son médium; il joue par rapport à elle et tente d'y inscrire un déplacement. Comment peut-on déplacer dans l'institution ? C'est la question que vous posez. Vous dites qu'il se situe entre un geste totalement inscrit dans l'institution, dont il sait bien qu'elle le récupère *a priori,* et une dimension discursive et explicative par laquelle Buren tend à complexifier son rapport à l'institution. Vous citez alors la fameuse phrase de Freud : « Wo es war soll ich werden », où il est entendu que le es c'est le ça, le déjà là, le structuré, le socle. Cette phrase explicite le devoir (sollen) du sujet d'émerger de ce socle, de se trouver, par un retour réflexif et existentiel, sur ce es. Indépendamment du fait que je m'interroge sur l'équivalence es-institution (à mes yeux l'institution relèverait plutôt du surmoi que du ça), il serait souhaitable que cette phrase soit interprétée non pas isolément, mais avec le commentaire par lequel Freud explicite le « Wo es war soll ich werden ». Il dit : « es ist Kulturarbeit etwa wie die Trockenlegung der Zuydersee... ». Je traduis approximativement : « C'est un travail de culture, quelque chose qui ressemblerait à l'assèchement du Zuydersee... » Ainsi l'advenir du sujet est-il considéré comme un travail, et c'est un travail dans la culture. Et ce travail dans la culture est, nous dit Freud dans une belle métaphore, « comme l'assèchement du Zuydersee », c'est-à-dire un travail de fructification de ce qui est stérile, un devenir jardin du fondement stérile. Le sujet, disons l'artiste puisqu'on parle ici en principe des artistes, de leur travail et de notre difficulté à en parler, l'artiste est, faisant retour à son fondement culturel, en train d'essayer de le faire fleurir et fructifier. Et c'est cela aussi le travail du critique d'art. Il me semble donc que Buren s'inscrit exactement dans cette problématique.

Mon commentaire, finalement, a pour but essentiel d'identifier le terrain problématique sur lequel vous nous incitez à nous situer, plutôt qu'à vous poser une question pour rebondir.

Critique subjective
ou théorie critique ?

Stephen Bann

Daniel Soutif

Le glissement vers le subjectivisme ? William Hazlitt et la genèse de la critique d'art anglaise

Stephen Bann

Plusieurs raisons m'incitent à parler de la critique d'art de William Hazlitt lors de ce colloque des Archives de la critique d'art. Tout d'abord voilà un des personnages principaux de la critique, peu connu outre-Manche, et cependant francophile passionné. Dans son essai *On the Pleasure of Painting* (1820), il rappelle avec émotion les quelques mois délicieux suivant la paix d'Amiens, moment où en compagnie de tant de ses concitoyens il s'est précipité vers Paris. Le but essentiel de son voyage était le Louvre, où « pendant quatre mois entiers » il déambulait et étudiait, et entendait tous les jours marmonner d'un accent grossier et provincial la formule - « Quatre heures passées, il faut fermer, citoyens[1]... » Hazlitt conservera non seulement un souvenir durable des toiles et des sculptures, mais aussi une certaine nostalgie du style républicain qui l'amènera plus tard à déplorer et à immortaliser dans un émouvant ouvrage le destin de l'Empereur.

Il existe une autre bonne raison d'évoquer le nom de Hazlitt à cette occasion, qui a trait au thème de cette séance et à la manière dont il s'intègre au débat actuel sur la critique et la théorie en Grande-Bretagne. L'étude influente et pertinente de John Barrell, *The Political Theory of Painting from Reynolds to Hazlitt,* définit Hazlitt comme successeur d'une lignée d'artistes et de théoriciens ayant pour but d'inculquer la notion d'un « civisme humaniste » à la peinture britannique. Dans cette tradition, dont les plus grandes figures sont sir Joshua Reynolds et James Barry, Hazlitt est celui qui brade les valeurs, qui liquide l'idéal du « civisme humaniste » et qui initie le glissement vers le subjectivisme. Barrell commente ainsi son article intitulé *Fine Arts* et qui date de l'année 1816 : « Il s'appuie sur la nécessité d'une distinction totale entre la

---

1.
William Hazlitt, *Selected Essays,* Londres : Nonesuch, 1942, p. 629.

république du goût et la république politique, sur une esthétique selon laquelle l'excellence en peinture est le résultat d'une représentation du caractère d'un individu par le génie d'un autre individu, et sur l'idée que la peinture offre l'épanouissement au particulier et non au citoyen². »
Il me semble que dans le livre de Barrell se trouve une sorte d'agenda sous-jacent, qui ne devient que trop apparent à un moment donné. Comme le dit W.J.T. Mitchell dans une critique qui met en relief le même passage révélateur que celui que j'avais moi-même choisi dans un autre article : « Barrell voit clair dans le passé lointain, mais d'un point de vue qui occulte complètement le passé récent et le présent qui s'interposent³. » Dans le passage en question, Barrell rapproche de façon surprenante l'idée d'un art à responsabilité sociale et le « nouvel appel à une peinture figurative, pour nous délivrer de cette foire d'empoigne où la signification d'une œuvre d'art est celle que l'on veut bien lui attribuer ». Pour Barrell, « les auteurs que nous avons évoqués (c'est-à-dire tous, à l'exception de Hazlitt) proposent un modèle quelconque de la manière dont les significations communes qu'une œuvre figurative cherche à communiquer peuvent être orientées pour le bien public »...

Comme Mitchell le fait remarquer, c'est une présupposition ahurissante que l'idée qu'« aucune théorie publique et politique n'avait été formulée pour aucune toile du dix-neuvième siècle... ni pour le modernisme non plus », et l'hypothèse que la « peinture figurative » saura nous « délivrer » de l'anarchie artistique semble encore moins plausible.
Hazlitt représente donc tout ce qui est répréhensible pour John Barrell. Pour citer Mitchell à nouveau, son histoire se termine par « une conclusion qui réduit tout ce qui intervient après Hazlitt aux plaisirs intimes de la subjectivité bourgeoise ». Mais est-ce vraiment là une juste évaluation des qualités d'un critique qui, comme nous l'avons vu, était en fait républicain fidèle et courageux, et non adhérent de l'Ancien Régime ? Barrell choisit sciemment de n'étudier qu'un seul parmi les nombreux

---

2.
John Barrell, *The Political Theory of Painting from Reynolds to Hazlitt*, New Haven et Londres : Yale University Press, 1986, p. 315.

3.
W.J.T. Mitchell, *Eighteenth Century Studies* 21 : 1, Fall, 1987, 94.

écrits de Hazlitt sur les beaux-arts. De plus, il avoue sans ambages que son intérêt l'empêche de trop chercher une théorie cohérente dans les autres textes : « Je doute (du moins pour mon propre compte) de la valeur d'un compte rendu des opinions artistiques de Hazlitt qui essaierait d'y démontrer une quelconque cohérence, ou même une explication cohérente à leur incohérence[4]. » Mais cette « gamme de discours divergents » que nous trouvons effectivement chez Hazlitt n'apparaît comme incohérente que si nous essayons d'y déceler la trace d'une théorie de « civisme humaniste », c'est-à-dire de l'utilité publique et de la valeur éducative des beaux-arts confortées par Reynolds et Barry. Barrell, tout comme Nelson, tient sa longue-vue devant son oeil borgne, et l'on ne doit pas s'étonner qu'il ne perçoive que peu de chose des qualités de Hazlitt.

Ma défense de Hazlitt partira de bases bien différentes. Je le vois comme précurseur de la « critique esthétique » de Ruskin, Pater et Stokes, et donc comme le premier auteur à poser les questions critiques particulières explorées successivement par ces différents écrivains : les plus importantes de ces questions sont la relation entre la peinture, la sculpture et les autres arts, le statut de la critique en tant que pratique littéraire, et le rôle du corps, ses capacités motrices et ses acquis perceptifs, dans l'acte de peindre et de réagir devant une toile. Il est vrai que Hazlitt est loin de poser ces problèmes de manière systématique : mais ses successeurs ne le font pas plus que lui. La volonté de démarche systématique, manifeste dans les premiers volumes des *Peintres modernes* de Ruskin, est engloutie dans le magnifique naufrage des dernières œuvres critiques. Adrian Stokes, en incorporant des concepts freudiens et kleiniens à son argument, clarifie certaines des distinctions qu'il établit, telle l'opposition entre ciseler et modeler, mais ceci ne dispense pas du besoin pour un langage poétique de se confronter aux apparences picturales. Pater, essayiste engagé et admirateur de Charles Lamb, l'ami de Hazlitt, est peut-être le plus proche de lui par la forme : chez Pater, à l'encontre de Ruskin et Stokes, l'on trouve la même volonté claire de négliger l'art contemporain au profit de l'idylle Renaissance. D'ailleurs, les idées de Pater sur l'épanouissement de l'individu par l'art, véhiculées par la conclusion malheureusement trop bien connue de

---

4. Ibid.

la Renaissance, pourraient bien être comprises comme le condensé des vues de Hazlitt sur « les plaisirs intimes de la subjectivité bourgeoise[5] ». Si nous agitons un tant soit peu le kaléidoscope, peut-être trouverons-nous un discours critique curieusement proche du type de subjectivisme représenté par Roland Barthes.

Je me propose d'évoquer tous les aspects sous lesquels on peut voir Hazlitt anticiper les valeurs de la critique esthétique. Mais il faut bien d'abord préciser que Hazlitt a effectivement contesté les vues exprimées en public par Reynolds et sa volonté d'entreprendre à travers la Royal Academy un travail de grande échelle pour améliorer les goûts artistiques du public. Ce que décrit Hazlitt n'est pas ce qu'il voudrait voir, mais ce qui existe au moment où il s'exprime. « La diffusion du bon goût, dit-il dans un fragment daté de 1814, n'est pas la même chose que l'amélioration du goût, mais seul le premier de ces objectifs peut être poursuivi au travers d'institutions publiques et d'autres moyens artificiels. » Ses autres observations sur « la diffusion du bon goût » sont dignes d'être citées, surtout dans le contexte de ce colloque :
« Le bon goût est le degré le plus élevé de la sensibilité, l'impression reçue par les esprits les plus cultivés et les plus sensibles, tout comme le génie résulte de l'association des plus grandes puissances de sentiment et d'invention. On pourrait arguer que le goût du public est susceptible d'amélioration progressive, car le public finit par rendre justice aux œuvres de très grand mérite. Ceci est une erreur. La réputation qu'acquièrent finalement, et souvent très lentement, les œuvres de génie leur est octroyée par l'autorité, et non pas par un consensus populaire ni par le bon sens mondain. Nous nous imaginons que tout le monde vénère les œuvres de nos artistes célèbres, simplement parce que tout le monde vénère leur nom. Mais ne voit-on pas chaque prétendu connaisseur simuler la même révérence et parler de Michel-Ange avec la même assurance creuse, sans jamais avoir vu ne serait-ce qu'une copie d'une de ses toiles, que s'il les avait étudiées dans le plus grand détail, simplement parce que sir Joshua Reynolds en a fait l'éloge?[6] »

5.
Barrell, *Political Theory of Painting,* p. 315.
6.
William Hazlitt, *Selected Essays,* p. 608.

On résiste difficilement à la logique de Hazlitt lorsqu'il démontre avec lucidité « pourquoi les beaux-arts n'encouragent pas le progrès », rectificatif cinglant aux discours imbus de civisme de Reynolds et Barry. Mais nous ne devons pas négliger la force subversive du subjectivisme sous-jacent de Hazlitt, force qui s'exerçait au moment où l'utilitarisme tentait encore par un calcul hédoniste d'introduire les beaux-arts au sein de l'économie politique. Dans sa célèbre autobiographie, John Stuart Mill décrit une crise psychologique qu'il subit dans sa jeunesse pour s'être rendu compte que les effets bénéfiques des beaux-arts n'étaient pas quantifiables, et qu'il était absurde de concevoir la civilisation de l'avenir comme le lieu d'épanouissement de dizaines de Mozart. L'adresse de Hazlitt avait déjà isolé les éléments dont l'identification donna tant d'angoisse à Mill : « La critique même, selon laquelle les beaux-arts n'atteignent pas cette perfection progressive qu'on pourrait raisonnablement attendre, part d'une fausse prémisse, car l'analogie qui conforte l'idée d'un avancement régulier de l'art vers un plus grand degré d'excellence échoue complètement : elle peut s'appliquer à la science, mais non à l'art[7]. »

Ce refus d'atteler le destin de l'art à un quelconque but social ou politique préconçu reste constant à travers tous les écrits de Hazlitt. On ne doit pas pour autant conclure que le « goût » et la « sensibilité » justifiés par Hazlitt envers et contre l'ignorance du « public » sont l'apanage d'une classe sociale, et surtout pas de la bourgeoisie dont il se trouvait en marge. Hazlitt plaide pour lui-même, en matière d'art. Toutefois, ce « lui-même » pour lequel il plaide n'est pas un critique objectif, mais quelqu'un dont les profondes émotions résultent aussi bien de la pratique que de l'étude des beaux-arts. Les peintures de Hazlitt qui sont parvenues jusqu'à nous, comme par exemple le portrait mémorable de Charles Lamb (1804) actuellement à la National Portrait Gallery, permettent de mesurer le talent considérable dont il faisait preuve pendant ses premières années de peinture. Ses textes critiques, cependant, laissent constamment affleurer les implications de la distinction binaire qu'il établit entre ses deux pratiques successives : tout simplement, l'acte de peindre est plaisir, alors que l'acte d'écrire est douleur. L'acte de peindre

---

7. Ibid., p. 603.

apparaît aussi bien comme une saine activité physique que comme une tâche qui accapare l'intellect, alors que l'acte d'écrire représente une aliénation par rapport à l'activité corporelle - on ne peut s'étonner qu'il se solde par une expression de nostalgie pour la bienheureuse condition de peintre! Hazlitt approfondit ce sujet dans ses deux essais *On the Pleasure of Painting* (*Du plaisir de peindre,* 1820) : « La peinture n'est pas, comme l'écriture, ce qu'on pourrait appeler un métier sédentaire. Elle ne demande pas une grande force, il est vrai, mais un travail musculaire régulier et continu. La précision et la délicatesse du travail de la main compensent le manque d'effort violent - tout comme le funambule, pour maintenir son équilibre, doit déployer toutes ses forces. Peindre pendant une matinée entière vous fera attendre le déjeuner avec autant d'appétit que le vieil Abraham Tucker après une chevauchée sur Banstead Downs[8]. » Après avoir cité sir Joshua Reynolds, qui « ne prenait jamais d'exercice physique qu'au travail dans son atelier », Hazlitt revient à son expérience propre, une fois de plus, pour décrire en une prose limpide ses premières tentatives pour faire le portrait de son père, pasteur non conformiste :

« Ces journées d'hiver, éclairées par une lueur de soleil à travers les vitraux du temple, et égayées par le chant du rouge-gorge dans notre jardin... comme je terminais mon travail de l'après-midi, - comptent parmi les plus heureuses de ma vie. Lorsque j'obtenais l'effet que je voulais dans une partie du tableau pour laquelle je venais de préparer mes couleurs, lorsque d'un trait heureux de mon crayon j'arrivais à imiter la rugosité de la peau, lorsque je trouvais le ton juste, clair et nacré, d'une veine, que je reproduisais la carnation de la santé, le sang qui circulait en dessous de l'ombre s'élargissant sur un coté du visage, je croyais ma fortune faite[9]... »

Ce « plaisir de peindre », le souvenir des joies de la jeunesse et l'effet vivifiant de l'exercice physique se trouvent associés de manière particulièrement réussie dans un des essais les plus originaux de Hazlitt sur les beaux-arts, c'est-à-dire sa description d'une visite à la Dulwich

---

8.
Ibid., p. 623.
9.
Ibid., p. 624-625.

Gallery, dans la banlieue londonienne, publiée en 1823. Hazlitt commence par décrire le trajet : « C'est le 5 novembre que nous sommes allés voir cette galerie. La matinée était douce, clame, agréable... C'était le moment de l'année " Où sur le rameau agonisent les feuilles, jaunes, clairsemées, disparues "; leur saupoudrage d'or contrastait fortement avec le vert foncé des pousses spirales des cèdres qui bordent la route[10]... » La première partie de cet essai consiste en une description de cet agréable trajet à travers des paysages d'automne, terminant en une nostalgique évocation de la scolarité des « Charity boys », les orphelins hébergés par l'institution propriétaire de la galerie. Mais, en peu de temps, nous échangeons les idées pour le paysage, les impressions de mouvement pour la véritable activité de marcher :

« Regardez donc la toile de Cuyp près de la porte... Elle est tissée de nuances éthérées. Une douce brume, un voile subtil et aérien l'enveloppe. Le vert tendre des vallées au-delà du lac luisant, la lumière violette des collines ont le même effet que le duvet sur une nectarine verte. Vous pouvez poser le doigt sur la toile, mais des kilomètres de nappes de brume, de rosée et de soleil vous séparent des objets que vous regardez[11]. »

On peut se demander si Adrian Stokes, qui relève et commente les observations essentiellement défavorables faites par Hazlitt sur Turner à partir de 1816, songe à cette image étonnante de la « nectarine verte » quand il parle de retrouver dans nombre des œuvres de Turner « l'impression d'une grenade ou d'un abricot évidé... une application bénigne du principe du cyclone, au centre du tableau[12] ». Il est également intéressant de juxtaposer l'image kinesthétique employée par Stokes pour qualifier les *Baigneurs* de Cézanne dans la National Gallery - « Ces formes pourraient représenter un aréopage de clochards nus installés sur le toit de wagons de chemin de fer et qui regardent le paysage défiler bruyamment de gauche à droite[13] » - et le commentaire inattendu de

---

10.
Ibid., p. 666.
11.
Ibid., p. 669.
12.
Adrian Stokes, *Critical Writings,* Londres : Thames & Hudson, 1978, vol.III, p. 254.
13.
Ibid., p. 335.

Hazlitt sur l'*Intérieur d'une cathédrale* de Sanredam : « Pour parcourir la distance d'un bout de la perspective à l'autre il faudrait toute une matinée[14]. »

Je ne cherche pas à établir des comparaisons farfelues entre le style idiosyncratique des descriptions de Hazlitt et la vue d'ensemble d'un critique contemporain. Il est évident que la « grenade évidée » de Stokes appartient au vocabulaire associé aux concepts kleiniens qu'il emploie, et on ne doit pas être surpris de voir son « paysage défiler bruyamment de gauche à droite », parallèle au plan de l'image en accord avec la construction picturale de Cézanne, plutôt que de s'étendre comme celui de Cuyp vers l'extrémité d'une perspective aérienne ou, comme l'intérieur de l'église de Sanredam, vers l'espace hypothétique d'une pleine matinée de marche. Malgré tout, le fait de pouvoir dresser de telles comparaisons reste significatif, car elles suggèrent une approche littéraire totalement dépourvue des conventions de la critique de salon, ou de celles de tout mode contemporain d'écriture sur les beaux-arts. Ce n'est que chez Stendhal et Baudelaire, quelque temps après Hazlitt, que l'on commence à trouver l'idée que la critique d'art pourra s'émanciper de l'institution, que ce soit salon ou académie, pour parler directement au critique sous l'emprise d'un charme précis et indicible.

Les descriptions et les jugements de Hazlitt, malgré leur apparent manque de cohérence, représentent bien davantage que les excroissances aléatoires de la sensibilité d'un peintre raté et ami des poètes. Leur cohérence se situe, me semble-t-il, dans la puissance de ce qu'on pourrait appeler « l'imagination matérielle » de Hazlitt et dans les implications de cette poursuite de l'image forte pour la critique d'art en général, comme pour sa théorie très personnelle de l'importance du *gusto* (dynamisme passionné). Prenons par exemple le passage central de sa longue description du *Retour de Lazare* de Sebastiano del Piombo, l'une des premières œuvres à rejoindre la National Gallery, et que Hazlitt a vue pour la première fois alors qu'elle faisait encore partie de la collection Angerstein. Voilà comment il décrit le sujet central :
« Le Lazare est très beau et très fort. La chair est bien cuite, terne, prête à s'émietter sous les doigts, au moment où elle se trouve libérée de sa

---

14. William Hazlitt, *Selected Essays*, p. 671.

prison abominable pour recevoir à nouveau l'empreinte de la vie et du mouvement. Il semble rejeter toute contrainte, regarde avidement autour de lui, contemple ce nouveau monde depuis le linceul avec un étonnement précipité, comme si la Mort venait à peine de renoncer à son pouvoir sur lui et sur ses sens[15]. »

Hazlitt a trouvé le moyen de communiquer ce qui est véritablement la qualité frappante de cette toile, c'est-à-dire la substance curieuse dont le corps de Lazare semble être composé. Mais il ne se contente pas d'une métaphore arbitraire pour exprimer cet état corporel : il y associe l'idée bienfaisante non pas de pourriture mais de cuisine, afin d'indiquer un changement radical qui peut cependant avoir des effets bénéfiques, comme la transformation de la pâte en pain. Le raisonnement est logique : à vrai dire, il rappelle Ruskin défendant Dante dans *Peintres modernes* III pour avoir décrit l'herbe de l'Enfer comme étant dure comme de l'émail *(Smalto)*[16]. « Tout comme la chaleur de l'Enfer a transformé l'herbe en une couche lisse, silencieuse et sans vie, éternellement verte », le corps de Lazare a commencé à changer après avoir séjourné quatre jours dans la tombe, si bien que sa chair est « prête à s'émietter sous les doigts ». Pourtant Hazlitt, à l'encontre de Ruskin, n'emploie pas cette description pour justifier un surcroît de réalisme. Il est bien conscient que l'effet qu'il souligne ainsi doit être considéré dans le contexte plus large de la construction picturale. Tout comme Roland Barthes, il reconnaît à la peinture une origine double, d'abord en tant que *cuisine* (la transformation qualitative des couleurs vers un état matériel évocateur) et aussi en tant qu'*écriture* (la trace linéaire du pinceau) : « Nous aimerions que nos artistes considèrent les jambes et les pieds de ce personnage, pour voir comment un fini parfait et un grand *gusto* (dynamisme passionné) dans le trait sont compatibles et se valorisent mutuellement[17]. »

15.
William Hazlitt, *Complete Works,* Londres, vol.10, p. 10-11.

16.
John Ruskin, *Modern Painters,* Londres : George Allen, 1897, vol.5, p. 236-237.

17.
William Hazlitt, *Complete Works,* vol.10, p. 11.

Avec ce mot « gusto » utilisé ici pour décrire le Lazare, nous abordons l'un des concepts critiques les plus intéressants et les plus insaisissables de Hazlitt. Pour autant que je sache, le terme ne provient d'aucun vocabulaire critique établi, mais il l'investit de son propre sens subtil et précoce du pouvoir de l'image peinte. Un essai, *On Gusto*, publié en 1816, commence de manière plutôt décevante en définissant la qualité comme « la puissance ou la passion dans la définition de tout objet », ou « donner... la vérité du caractère par la vérité du sentiment ». Mais Hazlitt se tourne rapidement vers un exercice pratique de critique, et c'est dans cette évaluation de son vénéré maître le Titien qu'il communique instantanément la portée du terme :

Il y a un « gusto » dans la couleur chez le Titien. Non seulement ses têtes semblent réfléchir, mais ses corps semblent éprouver des sensations. Voilà ce que veulent dire les Italiens en parlant de la *morbidezza* de ses chairs. Elles semblent complètement sensibles et vivantes : non seulement par l'apparence et la texture de la chair, mais par sa sensibilité même. Par exemple, les membres de ses figures féminines ont une douceur et une délicatesse luxueuses, qui semblent tenir compte du plaisir du spectateur...

La chair chez Rubens ressemble à des fleurs; chez Albano à de l'ivoire; chez le Titien elle ressemble à de la chair et à rien d'autre. Elle est aussi différente de celle que l'on voit chez d'autres artistes que l'est la peau d'un drapé de tissu blanc ou rouge qui la recouvre. Le sang circule çà et là, les veines bleues sont à peine visibles, le reste se distingue seulement par une sorte d'excitation de l'oeil, que le corps ressent en lui-même. Voilà ce qu'est le « gusto »[18].

Ceci me paraît être un texte critique de tout premier ordre, précisément parce que Hazlitt parvient à caractériser avec tant de succès le projet mimétique. Il ne se borne pas à répéter le *topos* d'un corps peint qui semble vivant, mais arrive à localiser la source de l'effet dans une impression particulière produite par la matière sur la conscience du spectateur. L'idée que les corps peints par le Titien incorporent la conscience du regard posé sur eux - « semblent conscients du plaisir du

---

18. William Hazlitt, *Selected Essays,* p. 610.

spectateur » - mène inévitablement à la question de savoir comment on parvient à tromper ainsi les sens. Hazlitt nous fournit obligeamment une seconde définition sur commande pour répondre à cette question. « En un mot, le " gusto " dans la peinture est le phénomène par lequel l'impression faite sur l'un des sens produit par affinité une impression sur un autre sens[19]. »

    Cette définition ne constitue certainement pas la notion complète de la synesthésie. Néanmoins, sa reconnaissance de la manière dont la peinture exploite l'« affinité » de la vue et du toucher préfigure clairement l'idée des « correspondances » dans les écrits critiques de Baudelaire. Comme nous avons déjà vu avec l'exemple de la chair de Lazare « prête à s'émietter sous les doigts », Hazlitt emploie des images pleines d'audace, mais ne le fait pas de façon aléatoire. L'idée du « gusto », pour confuse que soit son expression, dénote l'appel à un sens par l'intermédiaire d'un autre qui sera consacré, selon la formule spirituelle de Marshall McLuhan, comme le « nouveau péché » (new sin) du dix-neuvième siècle - autrement dit, la synesthésie. Nous n'en sommes pas encore à des concepts aussi subtilement dialectiques que celui que Pater appelle l'« andersstreben » de chaque forme d'art, qui cherche à passer dans une autre forme et qui, selon la phrase mémorable extraite de l'*Ecole de Giorgione,* « aspire sans cesse à la condition de la musique ». Pourtant, Hazlitt considère déjà comme acquis le critère qui servira de fétiche et d'étalon à l'expertise de Berenson et de ses collègues à la fin du dix-neuvième siècle - l'idée de « valeurs tactiles ».

    Il va sans dire que je suis d'accord avec John Barrell pour trouver le concept de « gusto » très inadéquat comme terme théorique. Mais la grande force de Hazlitt consiste en sa capacité à mobiliser les ressources d'une prose très colorée à l'aspect trompeusement familier pour communiquer une impression vivante des tableaux qui lui sont chers. A l'encontre de Reynolds, il ne souhaite pas légiférer pour la défense de l'art; à vrai dire, une telle tentative, dans les pages des journaux et magazines auxquels il collaborait, n'aurait été que peine perdue. Mais il est impossible de considérer son œuvre critique comme

---

19.
Ibid.

un simple glissement vers le subjectivisme. Sa place se trouve plutôt au sein du petit groupe d'écrivains modernes - Roland Barthes en est l'exemple le plus récent, et Pater le plus célèbre - qui se sont aventurés dans le domaine des beaux-arts précisément parce qu'ils y éprouvaient une espèce de charme - une réelle séduction - difficilement transmissible par le langage, si bien que leur écriture était forcément frappée d'insuffisance, et en même temps contrainte de rendre hommage au désir inassouvible qui en était l'inspiration.

Il existe, pourtant, une définition plus large qui recouvre ce genre d'écriture sur l'art, et elle s'applique sans nul doute à Hazlitt. L'usage répété de l'image du « sang qui circule » sous la peau comme témoin de la réussite du projet mimétique rappelle le *topos* classique évoqué par Georges Didi-Huberman dans son ouvrage la *Peinture incarnée*[20], une étude du *Chef-d'œuvre inconnu* de Balzac. Il faut bien reconnaître que Hazlitt utilise ce test dans le contexte de la peinture vénitienne, alors que Pline et les auteurs de l'Antiquité remarquaient cette illusion dans les *maculae* du marbre de Paros. Il n'en demeure pas moins que Hazlitt justifie un genre d'écriture sur l'art qui présente beaucoup de points communs avec l'*ekphrasis* classique. Je veux dire par là qu'il entreprend une sorte de méditation, quelquefois prolongée, sur l'œuvre d'art, et qui nous rappelle les limitations et les conventions du genre précisément en les transgressant dans le discours. Michel Conan, dans un excellent article sur Philostrate, a démontré qu'une telle stratégie n'est pas dépourvue de valeur éducative, même lorsqu'elle semble mettre le plus d'affectation à jouer avec les limites de la représentation[21]. A vrai dire, c'est précisément là, en s'adressant à un public néophyte, au départ non averti des techniques du métier, que l'*ekphrasis* prend une valeur aussi bien cognitive qu'hygiénique.

Ces points me semblent s'appliquer tout particulièrement à ce qui est sans doute l'essai le plus passionné de Hazlitt sur la peinture, et

---

20.
Voir Georges Didi-Huberman, *La Peinture incarnée,* Paris : Minuit, 1985, p. 105.
21.
Voir Michel Conan, " *The Imagines* of Philostratus ", in *Word and Image* 3, 1987, 2, p. 168.

qui se concentre sur une seule œuvre : *On a landscape of Nicolas Poussin*. Le tableau en question, actuellement au Metropolitan Museum of Art mais alors exposé à Londres, s'intitule *The Blind Orion searching for the Dawn* (Orion aveugle cherchant l'Aube). Dans cet écrit plein de virtuosité, le choix de Hazlitt d'une œuvre au protagoniste aveugle, où la lumière du jour n'éclaire pas encore la scène, semble singulièrement approprié. Hazlitt écrit : « Rien n'a jamais été encore conçu ni fait avec autant de finesse. Il respire l'esprit même du matin; l'humidité, la tranquillité, l'obscurité de son attente du miracle de la lumière qui allumera son sourire : l'ensemble, comme son principal personnage, est un " précurseur de l'aube ". La même atmosphère baigne et informe chaque objet, le même éclairage terne " rehausse par son ombre " l'aspect de la nature : un sentiment unique de gigantesque, d'étrange, de formes primitives habite la toile du peintre, et nous nous trouvons renvoyés à l'intégralité première des choses[22]. »

Dans ce passage, Hazlitt a effectivement assimilé l'« Aube », qu'Orion est incapable de voir, à l'hypothèse d'un monde d'avant l'histoire, une nature primitive émancipée de la domination du temps. Il nous fait clairement comprendre pourquoi son enthousiasme ne comprend pas l'œuvre contemporaine de Constable, Turner et des autres maîtres du paysage anglais en insistant : « Nous montrer la nature telle que nous la voyons est très bien et mérite des éloges; nous montrer la nature telle que nous ne l'avons jamais vue, mais avons souvent voulu la voir est bien mieux, et mérite plus d'éloges[23]. » Un tel critique ne se serait pas laissé impressionner par la célèbre démonstration de Constable, qui à l'aide d'un violon prouva qu'une riche teinte dorée était très éloignée de la couleur réelle de l'herbe. Hazlitt fait même remarquer en signe d'approbation que les toiles de maître ont « " embruni " (guillemets de l'auteur) les murs de la British Gallery et enrichi le regard du public[24] ».

22.
William Hazlitt, *Essays,* Londres : W.B. Clive, 1926, p. 191.
23.
Ibid., p. 192.
24.
Ibid., p. 197.

Hazlitt prête une grande attention aux qualités du tableau, et ses comparaisons avec d'autres œuvres de Poussin ainsi qu'avec des œuvres comparables de Rubens sont invariablement pleines de bon sens. Mais le point le plus original de cet essai est son insistance sur les qualités oniriques de la peinture, qui peuvent être mises en œuvre par le tableau lui-même, mais qui peuvent tout aussi bien persister dans le souvenir :
« Les tableaux sont un jeu d'images sélectionnées, un courant de pensées agréables qui coule dans l'esprit. C'est un luxe que de voir nos murs ainsi décorés, et tout autant de posséder une telle galerie dans l'esprit... Une vie qui se déroule parmi les tableaux, dans l'étude et l'amour de l'art, est un rêve heureux et silencieux : ou plutôt un rêve éveillé, car il a toute " la simple certitude d'un réveil à l'extase ", et en même temps la volupté romantique d'un être visionnaire habitant un univers d'abstractions[25]. »

Au fur et à mesure que l'essai approche de sa fin, sa défense de la peinture revêt un caractère visionnaire, presque gnostique, comme lorsqu'il écrit : « Les tableaux sont éparpillés tels des dons à travers le monde; aussi longtemps qu'ils y resteront, il restera encore à la terre un peu de sa dorure, pas encore effacée, déshonorée et défigurée[26]. » Mais il garde en réserve une extraordinaire phrase finale, qui commence par une affirmation du besoin de galeries ouvertes au public, et termine sur l'évocation de ce héros des temps modernes dont la chute a condamné Hazlitt à l'inutilité politique :
« [...] il semble d'autant plus souhaitable de réserver un sanctuaire privilégié où l'oeil peut adorer et le coeur trouver son content de tableaux tels que l'*Orion* de Poussin, que le Louvre est dépouillé des trophées de la victoire, et que lui, qui l'a trouvé, et qui l'a porté tel une pierre précieuse dans sa Couronne de fer, le chasseur de la grandeur et la gloire, n'est lui-même plus qu'une ombre![27] »

25.
Ibid.
26.
Ibid., p. 198.
27.
Ibid.

Débat

Modérateur : **Didier Semin**

DIDIER SEMIN : Je vous remercie pour la clarté et la subtilité de votre exposé qui me séduit personnellement beaucoup parce que j'ai toujours pensé que la peinture était une activité proche du maquillage, de la cuisine et de la cuisson, c'est-à-dire une activité fondamentale de l'être humain qui vise à rendre la nature désirable. D'une certaine manière, elle est plus proche de cela que de la littérature ou de la philosophie.

Ce que je voudrais savoir, puisque vous faites très justement un rapprochement - qui je crois fera plaisir à tout le monde - avec Roland Barthes, c'est si, suivant un mécanisme qu'on connaît bien d'identification du biographe à son objet, vous faites un peu vôtre cette critique subjective, et comment vous l'appliquez aux objets contemporains que vous observez, si toutefois vous la faites vôtre ?

STEPHEN BANN : Pour parler de ce que je soutiendrais moi-même comme approche critique, je voudrais surtout montrer la cohérence de cette tradition qui me paraît assez estimée en France, cette tradition de la critique esthétique. Par exemple, il suffit de lire les œuvres de Proust pour voir à quel point l'écriture de Ruskin - celle aussi de Pater - l'a impressionné. Yves Michaud a parlé hier d'Adrian Stokes. Je crois que ce n'est pas par hasard, il a d'ailleurs produit un très beau livre d'essais sur Adrian Stokes. Et bien Stokes ne représente pas exactement, et je pense que je l'ai démontré moi-même dans quelques études, une espèce de synthèse de Ruskin et de Pater mais quelque chose qui s'en approche : il utilise très sciemment des éléments pateriens aussi bien que des éléments ruskiniens.

Je voudrais me placer un peu dans cette lignée. Etudier Hazlitt me semble assez important, parce que c'est avec Hazlitt qu'on a non seulement à l'état brut certains des concepts - et les concepts les plus importants de cette approche - de cette critique esthétique, mais aussi, comme le rappelle très bien le livre de Barrell, parce que la question de Hazlitt introduit si l'on veut une question de crise de la critique subjective. Parce que si on l'envisage à la suite de John Barrell comme le critique qui a vraiment tout bradé, qui a vraiment liquidé les aspirations de civisme et d'humanisme du XVIIIe siècle, alors c'est une façon de dire que toute la tradition de la critique esthétique ne recouvre que les plaisirs du sujet bourgeois. Et c'est dans ce sens là que mon approche est, si l'on veut, didactique.

Il faut relever ce qui me semble être l'injustice faite à Hazlitt : il est sûr que c'est une injustice de l'avoir tenu responsable des maux de la civilisation actuelle; je crois que c'est aussi une façon de condamner une pratique contemporaine de la critique que j'estime, et dans la lignée de laquelle je me situe.

Critique subjective
ou théorie critique ?

Daniel Soutif

La disjonction qui s'énonce sur le mode interrogatif dans l'intitulé « Critique subjective ou théorie critique ? » n'est, selon toute vraisemblance, que l'écho, affaibli et restreint, de celle qui figurait déjà dans l'exposé par Kant de l'antinomie du jugement de goût au paragraphe 56 de la *Critique de la faculté de juger*. Avant de présenter cette antinomie, Kant en décèle en effet l'efficace dans les deux lieux communs qui s'énoncent sous les formules « à chacun son propre goût » et « on ne dispute pas du goût ». Moyennant un subtil distinguo entre « disputer » et « discuter », Kant introduit, entre ces deux lieux communs, un troisième énoncé qui fournit l'intermédiaire manquant sans lequel la contradiction ne surgit pas encore. A en croire Kant, « disputer » et « discuter » visent au même but, c'est-à-dire l'accord des parties en présence, mais la dispute espère obtenir cet accord de raisons démonstratives, tandis que la discussion l'attend seulement de « principes du jugement qui ne possèdent pas seulement une valeur particulière et qui ne sont pas simplement subjectifs ». De ce distinguo, résulte donc le troisième énoncé, non proverbial celui-là, qui affirme qu'« on peut discuter du goût ». C'est évidemment la confrontation entre ce troisième énoncé et le premier qui engendre la contradiction. Traduite dans les termes théoriques de la problématique propre à la *Critique de la faculté de juger,* cette contradiction entre ces deux énoncés empiriques donne lieu à la formulation de l'antinomie célèbre dans laquelle la thèse affirme que « le jugement de goût ne se fonde pas sur des concepts; car autrement on pourrait disputer à ce sujet (décider par des preuves) », tandis que l'antithèse pose au contraire que « Le jugement de goût se fonde sur des concepts; car autrement on ne pourrait même pas, en dépit des différences qu'il présente, discuter à ce sujet (prétendre à l'assentiment nécessaire d'autrui à ce jugement)[1] ».

---

1. Emmanuel Kant, *Critique de la faculté de juger,* Paris : Vrin, 1984, p. 163, (trad. Philonenko).

Notre disjonction interrogative « Critique subjective ou théorie critique ? » se présente certes dans des termes qui ne figurent pas dans l'exposé kantien de l'antinomie du jugement de goût. Tel est le cas, pour commencer, du terme même de « critique » qui, dans ladite disjonction, désigne évidemment, non la critique au sens kantien, mais un type singulier ou spécialisé de l'exercice empirique du jugement esthétique que Kant n'a pas à considérer dans le cadre d'une *Critique de la faculté de juger* qui précisément présuppose, à bon droit, que chacun est doté de cette faculté. Le terme « théorie », d'autre part, n'est pas équivalent au terme « concept » utilisé par Kant, mais il est clair que, même pris dans un sens lâche, dénué de la rigueur ou de la technicité qu'on attache le plus souvent aux seules théories scientifiques, il implique ce terme, puisqu'on voit mal en quoi pourrait consister une théorie dans laquelle ne figurerait aucun concept. Malgré la terminologie dans laquelle est exprimée l'interrogation « Critique subjective ou théorie critique ? », on peut néanmoins considérer légitimement que c'est bien la contradiction des formules « à chacun selon son goût » et « on peut discuter du goût », autrement dit l'antinomie kantienne, qui s'y réitère une fois de plus sous une forme différente.

Je voudrais montrer ici que tout le problème, comme d'ailleurs nombre d'autres difficultés soulevées par la critique d'art, tient justement au fait qu'on veut sinon le déduire de l'antinomie kantienne, du moins le structurer sur son modèle. Autrement dit, j'espère montrer que tant que l'on s'obstinera à soumettre la critique d'art à la juridiction de la douane kantienne, et plus particulièrement à la conception du jugement esthétique qui engendre la fameuse antinomie, on laissera échapper l'essentiel de sa réalité et on sera contraint de la dissoudre dans la généralité universelle du jugement esthétique kantien.

Afin de confirmer, d'un exemple significatif, l'existence d'un tel risque, j'observerai pour commencer que c'est effectivement à une telle dissolution de la critique d'art qu'est conduit Thierry de Duve dans le passage de « L'art était un nom propre » où il aborde la question du statut de cette dernière par le biais, qui en l'occurrence n'est pas indifférent, de celui du critique d'art. Dans ce passage, de Duve souligne ce qui marque le glissement du simple amateur au critique dans les termes suivants : « En exhibant sous le nom d'art ce que vous colligez, vous n'êtes plus tout à fait un simple amateur. Vous publiez vos goûts, vous les revendiquez, vous les professez, vous cherchez à les faire partager. Et si vous allez jusqu'à rendre publics, toujours sous le nom d'art, vos doutes, vos certitudes, vos fautes de goûts, vos dégoûts et tous les sentiments mêlés que peuvent susciter celles des productions culturelles que vous jugez bouleversantes, alors vous avez tout pour être, sans jeu de mots, un amateur professionnel, c'est-à-dire un critique d'art. » Le critique d'art, ainsi entendu, dit de Duve, « au sens large », peut appartenir à diverses catégories sociales ou professionnelles. On le reconnaît chez le chroniqueur, le journaliste spécialisé, l'enseignant, mais aussi chez le conservateur de musée, le *curator* ou le collectionneur. Si l'extension du concept avancé par de Duve est en effet fort large, aussi large presque que celle du concept d'amateur, c'est évidemment que sa compréhension est en revanche fort étroite. Ce concept du critique « au sens large » ne se distingue en effet de celui du simple amateur que par une seule caractéristique : un critique, c'est « toute personne rendant publics ses jugements esthétiques[2] ».

On pourrait ergoter au sujet du caractère indécis de ce qui est nommé ici « publicité ». L'applaudissement est-il par exemple public ou privé? L'achat de disques, lorsqu'il est comptabilisé par les statisticiens du Top 50, demeure-t-il simple investissement privé?, etc. La discussion serait probablement oiseuse. Aussi me contenterai-je ici d'observer au passage que les quelques catégories sociales ou professionnelles retenues à titre d'exemple par de Duve sont très limitatives, et qu'à s'en tenir à la caractérisation du concept de critique d'art proposé par « L'Art était un nom propre », le président de la République, lorsqu'il meuble l'Elysée d'œuvres d'art, puis tolère que les gazettes fassent état de ses choix, se place indubitablement dans la situation de premier critique d'art d'un Etat qui ne comporte certainement que des critiques d'art sinon en activité, du moins potentiels.

Cela n'est qu'une mauvaise plaisanterie, mais qui, en l'occurrence, a la vertu de faire apparaître qu'au regard de la pratique

---

2.
Thierry de Duve, « L'Art était un nom propre », in *Au Nom de l'art, pour une archéologie de la modernité,* Paris : Minuit, 1989, p. 35.
Les citations qui suivent sont empruntées à la même page ou à la page suivante.

empirique du langage la caractérisation du critique d'art ne se réduit pas de toute évidence à l'unique trait d'abord retenu par de Duve. Preuve en est d'ailleurs que celui-ci ne s'arrête pas tout à fait là, puisque, à titre de conséquences de la condition nécessaire et suffisante déterminant son concept du critique, il avance ensuite, pour le caractériser plus concrètement, plusieurs autres traits. Il se trouve cependant que ces caractéristiques supplémentaires ne sont pas logiquement équivalentes à celle constituée par l'expression publique du jugement et que, du coup, elles réduisent notablement l'extension du concept initial au point de la ramener pratiquement à celle communément reçue par tout un chacun. Publiant ses jugements, le critique fait profession d'être un amateur et tire de ce statut professionnel un « pouvoir, une tribune, une autorité professorale exercée dans l'enseignement ou les médias, une expertise réelle ou supposée, un charisme éventuel et des possibilités d'user d'influence sur le public, voire de manipuler le marché ». Malgré l'hétérogénéité de propriétés telles que le pouvoir, l'autorité, l'expertise ou le charisme, nous voilà néanmoins de nouveau en présence de quelqu'un qui ressemble davantage au critique d'art tel qu'il est observable empiriquement et qui, du coup, n'est plus exactement monsieur Tout-le-Monde. Bien conscient que la seule publicité des jugements du critique ne saurait à elle seule impliquer les autres traits dont, pour respecter l'usage courant de la langue, il a été obligé de doter son critique effectif, de Duve se voit contraint de constater aussi que la réalité n'obéit pas tout à fait à sa conceptualisation du critique, mais c'est pour affirmer que c'est la réalité qui se trompe : « Ce n'est pas le pouvoir, écrit-il, qui devrait faire le critique, c'est sa réputation, et celle-ci s'impose en s'exposant. » Si cette substitution s'impose à de Duve pour sauver sa définition du critique, c'est naturellement que, d'une part, sauf à prendre les lecteurs du critique pour des idiots, le pouvoir de ce dernier n'est pas déductible de la simple publicité de ses jugements et que, d'autre part, sa « réputation », qui « s'impose en s'exposant », peut en revanche paraître résulter sinon de cette publicité, du moins de sa répétition. On notera au passage qu'il n'est pas sûr que le critique ait gagné au change, car s'il est permis de concevoir que certains pouvoirs soient légitimes, une réputation, même bonne, n'est en revanche qu'un état de fait susceptible d'être engendré par toutes sortes de techniques bien connues des critiques ambitieux, c'est-à-dire justement plus soucieux de leur réputation que des œuvres aux dépens desquelles ils envisagent d'établir cette réputation, laquelle, une fois établie, deviendra bien entendu l'instrument d'un pouvoir à la légitimité problématique.

    Si de Duve en est conduit à cette dénégation de la réalité, c'est que sa théorie du critique d'art repose en fait sur la dénégation de la critique d'art elle-même ou, plus précisément, sur le refus de l'hypothèse selon laquelle le concept de critique d'art pourrait avoir un autre contenu que l'expression publique du sentiment du critique. Le critique de De Duve n'est, on l'a vu, qu'un amateur qui juge publiquement, et juger n'est rien d'autre qu'exprimer un sentiment à l'égard d'un objet. Dans l'hypothèse de De Duve qui traduit Kant dans Duchamp et réciproquement, ce sentiment ne surgit plus à la rencontre du beau ou du sublime, mais à l'occasion de celle de l'art lui-même, puisque l'apport de Duchamp aurait précisément été de révéler que, à l'heure moderne, le jugement ne s'exprimerait plus par un « ceci est beau » ou « ceci est laid », etc., mais dans une formule indexicale du type « ceci est de l'art ». Quoiqu'il ne soit pas secondaire - loin s'en faut -, je ne discuterai pas ici cet aspect de la question, afin de me concentrer en revanche sur le sort réservé à la critique par cette remise en service très délibérée du jugement esthétique kantien.

    Comme tout un chacun donc, le critique juge, c'est-à-dire qu'il exprime ses sentiments ou éventuellement ses dissentiments - mais cette nuance ne change pas grand-chose à l'affaire - dans des énoncés qui n'auraient ainsi d'autre contenu que l'énonciation même de ces sentiments ou dissentiments. Les énoncés du critique deviennent des énoncés critiques à l'instant où ils sont, d'une manière ou d'une autre, rendus publics. Ainsi publiés, ces jugements ne feront pas l'objet d'une discussion, Kant dirait d'une dispute. Comment le feraient-ils, puisque leur contenu n'est que l'expression du sentiment, bien entendu indiscutable en tant que tel, du critique? Indiscutables donc, les jugements du critique ne peuvent être l'objet que d'un seul traitement : ils seront, à leur tour, jugés. De même que le critique jugeait les œuvres candidates, autrefois à la beauté, aujourd'hui à l'art, le lecteur ou l'auditeur du critique vont juger les jugements du critique, c'est-à-dire exprimer à leur tour leur sentiment à l'égard de ces jugements dont le trait singulier est d'être publiés. Si ces nouveaux jugements sont eux-mêmes publiés, leurs auteurs accéderont également au statut de critique par ce simple fait, et ainsi de suite. De la sorte, se formera ce que de Duve nomme une jurisprudence, quoique, de toute évidence, manque à cette simple succession de jugements se jugeant les uns les autres la loi préalable dont les véritables jurisprudences ont pour fonction de déterminer l'application à des types de cas particuliers que, dans sa généralité, elle n'avait pas initialement prévus. Cette « jurisprudence », qui n'en est pas une ou qui ne l'est que dans un sens coutumier puisqu'y figurent exclusivement des jugements, constitue ce que, dans le cas du critique, de Duve nomme le « verdict de l'avenir ». Il est clair cependant que ce verdict lui-même est appelé à se voir indéfiniment soumis à révision par l'avenir de l'avenir. La conséquence de cette reconstruction de la critique d'art est évidemment un relativisme absolu, fort prévisible puisque son unique prémisse est un subjectivisme non moins absolu.

Ce subjectivisme, ainsi que le relativisme absolu qui en découle, correspondent très exactement à ceux qui s'exprimaient déjà, sinon dans la thèse de l'antinomie du jugement de goût, du moins dans le proverbe qui, selon Kant, s'y rattache - « A chacun selon son goût » -, avec, pour corrélat chez de Duve, la prétendue jurisprudence du « A chaque avenir selon son goût ». La différence entre Kant et de Duve est bien entendu que, chez le premier, la thèse n'est que l'une des faces de l'antinomie du jugement de goût, antinomie qui, pour être inévitable, n'en est pas moins pour autant vite réduite à une apparence.

A ce point donc, il faut revenir à la *Critique de la faculté de juger* pour y observer comment Kant dénoue l'antinomie énoncée au paragraphe 56, c'est-à-dire la façon dont il sauve la prétention du jugement de goût à une valeur universelle. Au passage, on observera également combien on se méprendrait en faisant partager au système kantien le subjectivisme et le relativisme absolus qu'on risque fort de devoir imputer, au contraire, à tous ceux qui n'en veulent retenir que l'analyse du jugement esthétique. Le principe de cette solution, exposée au paragraphe 57 de la troisième *Critique,* est d'observer que le concept n'est pas pris dans le même sens en chacune des deux maximes de l'antinomie. Le concept qui intervient dans la thèse est le concept déterminé de l'entendement, celui dont il s'agit dans l'antithèse est le concept rationnel indéterminable du suprasensible qui, selon Kant, se tient « au fondement de l'objet (et aussi du sujet jugeant) en tant qu'objet des sens ». La contradiction est inévitable, mais seulement apparente puisque la thèse et l'antithèse peuvent être simultanément tenues pour vraies à condition non seulement de rapporter chacune au concept adéquat, mais d'admettre également, puisque la solution de l'antinomie en dépend, que la faculté de juger esthétique est tout entière suspendue au principe subjectif constitué par l'Idée indéterminée du suprasensible en nous, idée « cachée à nous-mêmes en ses sources et qui ne peut être rendue plus intelligible d'aucune manière[3] ». Il n'est pas nécessaire de suivre davantage le chemin de Kant pour conclure que la solution de l'antinomie du goût est solidaire - cela ne surprendra personne - de l'ensemble du système kantien, et tout particulièrement des distinctions essentielles entre le phénomène, le noumène, la chose en soi et l'Idée rationnelle. Cette solution est d'ailleurs assez strictement parallèle à celles des antinomies exposées dans les deux premières *Critiques,* c'est-à-dire celle de la raison pure et celle de la raison pratique. Inscrite dans l'architecture globale du système kantien, la solution de l'antinomie du goût proposée par Kant n'est donc pas aisément transposable dans un autre contexte, même largement débiteur à l'égard de la théorie du jugement esthétique autour de laquelle gravite la *Critique de la faculté de juger.* C'est pour cette raison que, malgré la place faite à un jugement de goût calqué sur celui de Kant, il n'y a pas d'antinomie du goût dans « L'Art était un nom propre », mais seulement, régulièrement martelée, la thèse de ladite antinomie. Ne pouvant entendre le concept au sens de concept indéterminé et indéterminable du suprasensible, de Duve est contraint de le prendre exclusivement au sens de concept déterminé ou déterminable de l'entendement - c'est ce que montre toute la première partie de « L'Art était un nom propre » et tout particulièrement le paragraphe 1.4. où, afin de prouver qu'à l'instar du beau kantien l'art n'est pas un concept, le concept est très classiquement entendu comme résultant soit, empiriquement, d'une définition en extension, soit de la détermination d'une ou de plusieurs conditions nécessaires et suffisantes, c'est-à-dire d'une définition en compréhension. Toute autre conception du concept est écartée de telle sorte que la voie soit dégagée pour une conception du jugement esthétique dans laquelle le concept - qu'il soit d'art ou de beau, ou de quoi que ce soit d'autre, est en réalité secondaire - n'aura aucune place. Le corollaire de cet état de fait est malheureusement qu'à la différence de ce qui se passe chez Kant, dont la philosophie

---

3.
Kant, ibid., p. 165.

transcendantale comporte non seulement des concepts de l'entendement mais également des Idées de la raison et peut du coup écarter le subjectivisme empirique et le relativisme, la critique d'art selon de Duve ne peut éviter ni l'un ni l'autre.

D'où vient donc cette difficulté? Bien évidemment de la définition du jugement esthétique avancée par Kant dès les premières lignes de la *Critique de la faculté de juger*. Là, en effet, est inscrite, comme un détonateur à retardement, la source non seulement de l'antinomie qui n'apparaîtra qu'ultérieurement, mais des difficultés que nous rencontrons ici au sujet de la critique d'art. Si l'amateur et le critique d'art de De Duve sont si peu discernables, c'est en effet, on l'a vu, parce que, hormis la publicité que l'un lui accorde et l'autre non, tous deux ne font qu'exercer au sens kantien leur jugement. Or, en quoi consiste précisément le jugement esthétique ainsi entendu? La réponse bien connue figure au paragraphe 1 de la troisième *Critique :* « Pour distinguer, écrit Kant, si une chose est belle ou non, nous ne rapportons pas au moyen de l'entendement la représentation à l'objet en vue d'une connaissance, mais nous la rapportons par l'imagination (peut-être liée à l'entendement) au sujet et au sentiment de plaisir et de peine de celui-ci. » Le sentiment étant, pour sa part, défini un peu plus loin comme « la sensation *subjective,* par laquelle aucun objet n'est représenté; c'est-à-dire un sentiment suivant lequel l'objet est considéré comme objet de satisfaction (ce qui n'est pas une connaissance de celui-ci) », la conséquence inéluctable de ces définitions est bien que le jugement de goût « n'est pas un jugement de connaissance » et qu'esthétique signifie « ce dont le principe déterminant ne peut être que subjectif[4] ». Ainsi défini, le jugement esthétique constituera, par conséquent, le paradoxe d'un énoncé prédicatif ne reposant sur l'usage d'aucun concept. Quant à la prétention à l'universalité qui s'y exprime, sans quoi on ne saurait distinguer le jugement esthétique désintéressé de la simple appréciation individuelle de l'agréable, elle suppose qu'on distingue des jugements déterminants (dans lesquels l'universel, c'est-à-dire le concept, est préalable) et des jugements réfléchissants dans lesquels seul est donné le particulier, à partir duquel « la faculté de juger doit trouver l'universel ».

4.
Ibid. paragraphe 1, p. 49, et paragraphe 3, p. 52.

A partir de telles prémisses, l'antinomie du jugement de goût est en effet inéluctable, de même qu'est inéluctable le fait que sa solution ne pourra être trouvée que du côté du sujet, et plus précisément du sujet transcendantal. « La présence en nous de l'idée du suprasensible » qui préside à la résolution de l'antinomie du goût a déjà été évoquée. Kant tente également de rendre compte de l'universalité potentielle des jugements esthétiques en en appelant à un *sensus communis,* un sens commun esthétique, qui est défini : « [L']Idée d'un sens commun à tous, c'est-à-dire d'une faculté de juger qui, dans sa réflexion, tient compte en pensant (*a priori*) du mode de représentation de tout autre homme, afin de rattacher pour ainsi dire son jugement à la raison humaine tout entière et échapper, ce faisant, à l'illusion, résultant de conditions subjectives et particulières pouvant aisément être tenues pour objectives, qui exercerait une influence néfaste sur le jugement[5]. » Grâce à ce *sensus communis,* le relativisme propre au subjectivisme - entendu au sens empirique du terme - sera donc évité, mais au prix d'un saut dans un subjectivisme qui n'a plus rien de relatif puisqu'il est transcendantal. Saut tout naturel pour Kant puisqu'il n'est que l'écho dans le champ de l'esthétique de la révolution copernicienne effectuée par la *Critique de la raison pure* dans celui de la connaissance. Comme ceux de la connaissance, les objets qui suscitent le plaisir esthétique se sont mis à graviter autour du sujet (transcendantal).

  L'autre prix à payer pourrait bien être la critique d'art elle-même. C'est en tout cas ce que suggère l'effet sur celle-ci de l'emprunt par de Duve de la conception kantienne du jugement. Tirée du contexte de la philosophie transcendantale de Kant, cette conception ne peut en effet avoir d'autre conséquence que de mettre purement et simplement hors jeu l'objet sur lequel porte le jugement ou, si l'on préfère, à l'occasion de la représentation duquel est né le sentiment qu'exprime le jugement. Or, il se trouve que la critique d'art, telle qu'elle est observable empiriquement chez les auteurs les plus variés, de Diderot à Clement Greenberg, a justement pour caractéristique de se constituer majoritairement de jugements ou au moins d'énoncés qui, selon toute apparence, réfèrent à des propriétés des objets qui la

---

5.
Ibid, paragraphe 40, p. 127.

suscitent ou encore à des caractères propres aux classes ou aux catégories plus ou moins rigoureusement construites, qu'elle élabore ou admet pour regrouper ces objets. Quoique secondaire, cette distinction s'impose, car il est aisé de constater que la critique concerne aussi bien des objets proprement dits, c'est-à-dire des œuvres singulières, que des regroupements d'œuvres qui peuvent être construits, soit sur la base de la possession d'une propriété en principe aisément repérable - par exemple, être l'œuvre d'un même artiste - ou, bien souvent aussi, sur une base plus floue telle que l'appartenance à une catégorie historique - par exemple, la Renaissance - ou même supposée transhistorique - par exemple le baroque ou le maniérisme. Quoi qu'il en soit à ce sujet, il reste de toute façon que, si l'on veut s'en tenir à la définition kantienne du jugement, deux issues seulement sont possibles au sujet de jugements ou d'énoncés critiques référant à des propriétés de tels objets ou à des caractéristiques de telles classes. Ou bien il faudra les interpréter comme de simples expressions métaphoriques du sentiment du critique, auquel cas ils tomberont, malgré leur apparence prédicative, sous la conception kantienne du jugement, et le subjectivisme ne sera évitable qu'au prix de la recherche d'un fondement transcendantal. Ou bien on devra les considérer comme nuls et non avenus en tant que jugements esthétiques et les reverser dans la catégorie des jugements déterminants ou dans celle des simples énoncés constatifs ou descriptifs.

Dans un cas comme dans l'autre, la critique d'art est au rouet puisqu'elle perd de toute façon sa spécificité qui se diluera, soit dans la relativité absolue, soit dans l'universalité d'un *sensus communis* qui n'a rien ou pas grand-chose à faire de ses services, soit dans une hypothétique science de l'art tout à fait distincte de l'esthétique.

Si, malgré toutes ses évidentes faiblesses, on veut au contraire prendre, ne fût-ce qu'un instant, la critique d'art au sérieux et considérer ce en quoi elle consiste effectivement dans la réalité empirique, il faut se résoudre à suspendre à son sujet la conception kantienne du jugement esthétique et admettre que, si rien n'interdit qu'il puisse exprimer latéralement le sentiment du sujet, le jugement esthétique ou, si l'on veut, critique n'en réfère pas moins à des propriétés des objets ou à des caractéristiques des classes plus ou moins floues élaborées, par le critique ou par d'autres, pour penser ces objets.

Pour satisfaire à cette exigence, on sera contraint d'abandonner les oppositions drastiquement binaires sur lesquelles repose le jugement esthétique kantien, à commencer par celle du connaissable ou du logique et de l'esthétique, c'est-à-dire celle du cognitif et du non-cognitif, et, naturellement, celle du conceptuel et du non-conceptuel, celle du constatif-descriptif et de l'évaluatif ou du normatif, ou encore celle du démontrable et de l'indémontrable et même, peut-être, celle du vrai et du faux. Abandonner ces oppositions binaires ne signifie pas nécessairement diluer les différences dans une nuit aconceptuelle où, selon la formule de Hegel, toutes les vaches seraient grises, mais reconnaître au contraire que la critique d'art effective se constitue non dans un univers binaire, mais dans un spectre empirique continu où s'imbriquent de multiples niveaux de conceptualisation ou de langue, d'argumentation et de pensée. Ainsi est-il possible d'observer au travail, dans la plupart des textes critiques effectifs, aussi bien des concepts clos, aussi précisément déterminables que celui de chat ou de souris - par exemple la tragédie grecque -, que des concepts vagues, actuellement ouverts - par exemple « arte povera » -, qui un jour probablement se cloront, ou enfin des concepts, flous et ouverts par nature, dont la clôture correspondrait probablement à celle de l'humanité, comme il n'est pas déraisonnable que pourrait être, à l'instar de celui de philosophie, le concept d'art lui-même. Seule une conception tout à fait étroite du concept, qui, si on l'étendait au langage tout entier, interdirait de comprendre qu'il puisse fonctionner, pourrait prescrire que l'on ne considérât comme un concept que le premier de ces trois termes.

On a souvent rapporté cette ouverture du concept à l'influence de Wittgenstein et des fameux concepts définis par des prédicats de ressemblance familiale introduits aux paragraphes 65 et suivants des *Investigations philosophiques*. D'autres sources ou d'autres conceptions peuvent néanmoins être invoquées dans le même sens. Dans *Pour la connaissance philosophique*, Gilles-Gaston Granger signale, chez Husserl, une distinction répondant à une exigence similaire, celle des « concepts exacts » et des « concepts morphologiques », et cite, à son sujet, un texte des *Ideen* qui, *mutatis mutandis*, peut éclairer la nature de nombreux concepts utilisés par la critique d'art. « Le *caractère vague* des concepts [morphologiques], le fait qu'ils ont des sphères fluentes d'application, ne sont pas une tare qu'il faut leur imputer; en effet, ils sont absolument indispensables à la sphère des connaissances qu'ils servent, ou y sont seuls autorisés... Ces simples concepts sont *inexacts par essence et non par hasard*[6]. »

Granger observe ensuite que les exemples géométriques cités par Husserl ne satisfont pas en fait à cette inexactitude essentielle et montre que les concepts empiriques tombent plus facilement sous une caractérisation de ce genre.

Dans le chapitre de *la Norme du vrai* qu'il lui consacre, Pascal Engel propose, pour sa part, une détermination logicienne du vague et définit comme telle « toute expression qui, figurant dans une phrase, est susceptible de produire pour cette phrase une exception à la bivalence », c'est-à-dire au principe selon lequel une phrase est vraie ou fausse[7]. Dans la liste non exhaustive des variétés du vague, entendu en ce sens, qui est dressée ensuite par Engel, figurent notamment les phrases modales, celles référant au contenu d'une attitude propositionnelle (croire, supposer, etc.), les phrases où figurent des termes sans référent (licorne), les métaphores, les termes qui ne réfèrent que dans un contexte pragmatique déterminé, les prédicats qui ne s'appliquent pas de façon parfaitement déterminée à leur objet comme par exemple « perle » ou « escroc ». Distinguant à la suite de Frege un vague résultant d'une incomplétude de la définition et un vague résultant de l'imprécision essentielle du concept à définir, Engel montre que les cas qui viennent d'être évoqués appartiennent en fait au premier genre de vague qui, moyennant les opérations adéquates à chaque type de cas, peut être logiquement éliminé. Les prédicats empiriques tels que « grand », « petit », « enfant », « adulte », « chauve », etc., dont l'imprécision est constitutive, résistent au contraire à toute réduction. En d'autres termes, préciser de tels prédicats est nécessairement voué à l'échec, dans la mesure où toute tentative d'instaurer un seuil qui délimiterait précisément les contours de

---

6.
Husserl, *Idées directrices pour une phénoménologie transcendantale,* Paris : Gallimard, 1963, p. 236, (trad. Ricoeur). Cité par Gilles-Gaston Granger, *Pour la connaissance philosophique,* Paris : Odile Jacob, 1988, p. 165.
7.
Pascal Engel, *La Norme du vrai. Philosophie de la logique,* Paris : Gallimard, 1989, p. 254. Les citations qui suivent sont empruntées aux pages suivantes du même chapitre.

prédicats tels que « grand », « petit », « enfant », etc., conduit inéluctablement au paradoxe du type chauve ou sorite : « Retirer un grain d'un tas de blé ne cesse pas d'en faire un tas, de même que deux grains et ainsi de suite. Mais un seul grain, au terme du processus de soustraction, peut-il faire un tas? » Du point de vue de la logique bivalente, de tels prédicats semblent donc inéluctablement condamnés à l'incohérence. Cela serait, somme toute, secondaire si, ainsi que l'observe Engel, il n'était légitime de soutenir, d'une part, que le vague résultant de l'incomplétude est « essentiel à la communication linguistique », et, d'autre part, que le vague proprement dit, c'est-à-dire celui résultant de l'imprécision essentielle de prédicats comme « grand » ou « petit », fait non moins « partie intégrante de notre usage du langage ordinaire », ce qui est beaucoup plus grave si ce vague « essentiel » doit être interprété comme le signe d'une incohérence logiquement irréductible. A la suite de divers logiciens, Engel propose une interprétation continuiste et non plus binaire du vrai et du faux qui, permettant d'éviter ce diagnostic d'incohérence, aide à comprendre, sans affirmation métaphysique sur la réalité ou la non-réalité du vague, comment, dans l'usage courant du langage, le vague ne conduit pas à l'arbitraire. Cette construction logique non bivalente soulève des problèmes délicats et trop techniques pour être reprise ici. En deçà de cette question de l'interprétation de l'opposition du vrai et du faux, on peut néanmoins retenir un point très important des analyses d'Engel. Ce point concerne le fait que l'éventuelle incohérence des prédicats vagues n'implique pas leur absurdité et n'interdit pas, même dans le cas de ceux qui sont essentiellement imprécis, de leur appliquer toute inférence logique. Ainsi la conjonction, la disjonction ou l'implication s'appliquent sans difficulté spéciale à des prédicats tels que « chauve », « grand » ou « petit ». Par exemple, le fait que la calvitie soit un concept essentiellement vague n'altère manifestement pas la validité de la disjonction « un homme est chauve ou non-chauve ». De même, l'imprécision de « grand » n'entraîne pas davantage l'invalidité d'un énoncé à la fois conjonctif et implicatif tel que « si a est plus grand que b, et si b est grand de manière imprécise, alors a est grand de manière imprécise ». Ainsi qu'on le suggérera un peu plus loin, il y a d'ailleurs beaucoup à apprendre de ce dernier exemple au sujet du caractère - explicitement ou non - comparatif de la plupart des jugements esthétiques ou critiques.

       Mais avant d'en venir là il convient donc de souligner, avec Granger, que le vague ou le flou n'exclut pas par principe la conceptualisation et même la rigueur. « Si le concept empirique, écrit Granger, apparaît naturellement comme " flou ", et comme tel n'ouvrant que des domaines partiels à l'exercice d'une logique, il serait pourtant fort absurde de prétendre qu'il demeure inutilisable pour la pensée rigoureuse. D'une part, il est transposé, si besoin est, en un concept " exact " pour s'intégrer à une connaissance scientifique, et cette transformation s'opère par voie d'axiomatisation, explicite ou cachée. D'autre part, il fonctionne parfaitement tel quel dans l'usage naturel des mots du langage[8]. » A en croire Granger encore, cette base suffit pour considérer, malgré leur ouverture, les concepts philosophiques comme des concepts et la philosophie comme une connaissance rigoureuse, quoique non scientifique.

En ce qui concerne la critique d'art qui ne peut bien sûr prétendre *au mieux* qu'à un statut analogue, c'est-à-dire à celui d'une connaissance dont toute argumentation ne soit pas exclue par principe sous prétexte que la démonstration y est impossible, on pourra en tout cas retenir de ce bref détour que l'alternative strictement binaire du conceptuel et du non-conceptuel à laquelle on veut trop souvent la soumettre est, pour le moins, fort loin d'être évidente ou indiscutable.

Ce n'est d'ailleurs pas tout, car la critique d'art observable montre en outre que non seulement elle use aussi bien de concepts déterminés et clos que de concepts flous et ouverts, mais qu'elle manipule, parfois à l'intérieur d'une même concaténation d'arguments, des concepts descriptifs et des concepts normatifs, autre opposition binaire qui devrait être examinée de près puisque les concepts au statut ambigu de cet autre point de vue ne sont pas rares.

A titre de confirmation exemplaire, considérons ainsi le passage suivant, choisi presque au hasard, d'un des premiers textes de Clement Greenberg au sujet de Jackson Pollock : « La quatrième exposition personnelle de Jackson Pollock », écrit Greenberg dans cette chronique de *The Nation* (février 1947) consacrée également à Dubuffet, « est la meilleure depuis sa première et marque peut-être un pas majeur

---

8.
Granger, *op. cit.*, p. 169.

dans son développement - que je considère comme de loin le plus important parmi la plus jeune génération de peintres américains. Il a maintenant largement abandonné son habituel *chiaroscuro* lourdement noir et blanc ou métal-de-fusil (*gun-metal*) au profit de la gamme plus haute, c'est-à-dire au profit des alizarines, des blancs crème, des bleus ceruléens, des roses et des verts crus. Comme Dubuffet, cependant, dont l'art se déploie dans une direction similaire quoique moins abstraite, Pollock reste essentiellement un dessinateur en noir et blanc qui doit, comme une règle, compter sur ces couleurs pour maintenir la consistance et le pouvoir de ses images (*pictures*). Comme c'est la cas pour presque toutes les peintures postcubistes d'une quelconque originalité réelle, c'est la tension inhérente à la planéité (*flatness*) construite, recréée, de la surface qui produit la force de son art.

Pollock, comme Dubuffet encore, tend à conduire son tableau avec une égalité intégrale (*over-all evenness*). Mais, à ce point, il semble capable de plus de variété que l'artiste français, et peut travailler avec des éléments plus risqués - silhouettes ou motifs ornementaux inventés - qu'il intègre dans la surface plane avec une force étonnante. La sophistication de Dubuffet lui permet d'" emballer " (" *package* ") ses toiles plus habilement, plus plaisamment, et d'obtenir une unité instantanée plus grande, mais Pollock, me semble-t-il (*I feel*), a plus à dire en fin de compte et, fondamentalement et presque parce qu'il manque d'un charme comparable, est le plus original[9]. »

Si un tel texte est si fascinant, n'est-ce pas justement parce que s'y imbriquent pour y former un tissu argumentatif homogène divers niveaux de conceptualisation et d'énonciation? On ne manquera pas d'y relever d'abord tout ce qui est pure expression du sentiment du critique, jugement au sens strictement kantien du terme et revendiqué, on le sait, comme tel : « Je considère Pollock comme le plus important des jeunes peintres américains de sa génération » ou, littéralement, « je sens, (*I feel*), que Pollock a plus à dire que Dubuffet », etc. Mais on aurait tort de

---

9.
Clement Greenberg, *The Collected Essays and Criticism,* éd. par John O'Brian, vol. 2, *Arrogant Purpose,* 1945-1949, Chicago : The Chicago University Press, 1986, p. 124-125.

s'arrêter à cela. Greenberg est d'ailleurs fort loin de s'y arrêter, puisque ses jugements sont solidement argumentés et que cette argumentation réfère pour l'essentiel à des caractères de la peinture de Pollock et non pas au seul sentiment suscité chez lui par ces caractères. La structure et les instruments mis en œuvre dans cette argumentation sont trop nombreux et complexes pour les évoquer tous. Considérons donc seulement quelques traits remarquables. Au plan des divers types de concepts mis en œuvre, on observera ainsi aisément que certains sont purement descriptifs et éventuellement susceptibles d'être assez rigoureusement définis. C'est le cas des concepts de « surface », de « planéité » (*flatness*) ou encore de « silhouette » et peut-être celui de ces « motifs ornementaux » dont Greenberg précise, trait presque vérifiable, que, chez Pollock, ils sont « inventés ». D'autres concepts - « *chiaroscuro* », « dessin », « originalité », « postcubisme », « tension », « construction », « égalité intégrale », « consistance », « variété », « sophistication » - sont certainement plus flous et ouverts, mais non moins descriptifs. Certains de ces concepts - « *chiaroscuro* », « dessin », « postcubisme » ou « construction » - relèvent probablement d'un vague d'incomplétude au sens de Frege et d'Engel, d'autres, comme « consistance » ou « variété » ou « sophistication », comportent au contraire certainement une imprécision essentielle, analogue à celle de « grand » ou « petit ».

D'un autre point de vue, on soulignera que les concepts tels que « consistance », « variété », « risque », « habileté », « unité » sont ambigus en ce qu'ils jouent simultanément sur les deux tableaux de la description et de l'évaluation. Ainsi, « consistance », « variété » ou « unité » peuvent verser aussi bien du côté de la dénotation d'une propriété objectivement repérable, quoique imprécisément définie, que de celui d'une appréciation qualitative valorisant ladite propriété au nom d'une norme implicite. « Pouvoir » et surtout « force » ou « charme » sont au contraire plus franchement évaluatifs. D'un point de vue encore différent, on notera que, parmi les concepts qui viennent d'être cités, les uns sont utilisés par Greenberg dans leur signification propre, tandis que les autres sont utilisés de façon plus ou moins métaphorique et donc « vaguement ». Ainsi, « surface », « construction » ou « habileté » sont dotées de leur signification directe, tandis que « pouvoir », « tension » ou « force » ou « risque » sont à des degrés divers pris métaphoriquement. Il reste de toute manière que, quelque extension qu'on lui donne, l'hétérogénéité de ces instruments conceptuels n'empêche pas absolument Greenberg de les combiner - bien entendu à bon droit - pour attribuer, par exemple, à la « surface » des tableaux de Pollock « consistance » et « pouvoir » ou pour affirmer que « c'est la *tension* inhérente à la *planéité construite, recréée* de la *surface* qui produit la *force* de son art ».

En ce qui concerne, d'autre part, les relations soulignées par Greenberg, on observera que nombre d'entre elles sont comparatives. Si l'on veut bien se rappeler l'exemple d'implication emprunté tout à l'heure à Pascal Engel, peut-être accordera-t-on quelque crédit à l'hypothèse selon laquelle c'est justement l'imprécision ou le flou des prédicats requis par l'exercice du jugement esthétique qui le confine fort souvent à des comparaisons explicites ou implicites. Ainsi Greenberg affirme-t-il - point duquel il n'est pas absurde de discuter au nom de concepts même flous - que Pollock est plus capable de « variété » que Dubuffet, tandis que ce dernier est « plus habile » et capable d'« une plus grande unité spontanée ». On pourrait dans le même sens montrer que, même lorsqu'ils ne sont pas explicitement utilisés de façon comparative, d'autres prédicats flous invoqués par Greenberg - par exemple la « consistance » ou la « tension » de la surface - sont implicitement comparatifs et, de même que « grand » qui ne peut signifier que pour qui a déjà rencontré au moins un exemple de comparaison entre un objet grand et un objet petit, ces prédicats ne signifieraient rien pour qui n'aurait jamais vu la surface d'aucun tableau. S'il s'avérait ainsi légitime de supposer que c'est le caractère imprécis des prédicats mis en jeu qui implique le caractère comparatif des jugements esthétiques, on aura tort de supposer que ce caractère comparatif résulte du fait que les jugements esthétiques n'exprimeraient que des sentiments subjectifs non conceptualisables.

En d'autres termes, le fait incontestable qu'une argumentation critique de ce genre ne constitue pas une démonstration ne doit pas conduire à conclure qu'il ne s'agit pas d'argumentation du tout et qu'aucune connaissance de l'objet concerné n'y est véhiculée, mais seulement un sentiment à son sujet. N'est-ce pas au contraire très précisément ce type d'argumentation et ce type de connaissance de l'objet qui sont attendus du critique d'art par son lecteur ou son auditeur, ne serait-ce que pour les rediscuter et les rejuger, non pas seulement au nom de l'expression d'un autre sentiment, mais bien en celui d'arguments et d'autres connaissances de nature comparable? Si rien n'interdit que l'on juge un critique sur sa sensibilité ou sur la qualité de son sentiment esthétique - preuve en est que l'expression « un critique sensible » est manifestement tout à fait sensée -, on ne peut pour autant exclure sans absurdité manifeste que la compétence, notion qu'il est certainement impossible de définir hors de toute référence à celle de savoir ou de savoir-faire, puisse également être un facteur d'appréciation de la critique d'art. Autrement dit, que le sentiment soit le moteur, le *primum movens* même, de la critique ne doit pas conduire à conclure que son mouvement se réduit à ce moteur. On attend au contraire du sentiment du critique qu'il le conduise à voir ce que d'autres n'ont pas vu, mais qui néanmoins était là et, partant, peut susciter des énoncés conceptualisés y référant. Parler, comme le fait la disjonction de laquelle nous sommes partis, de « critique subjective » revient donc à faire de ce qui est condition nécessaire de la critique - une critique d'art qui ne s'enracinerait dans aucun sentiment esthétique est évidemment inconcevable - un trait suffisant pour la définir, sans prendre en compte le fait qu'ainsi définie la critique se dissout malheureusement dans la relativité généralisée d'un jugement esthétique vidé de tout contenu objectif puisque réduit à l'expression d'un sentiment dont on ne saura jamais rien de ce qui pourrait bien l'avoir provoqué. Si on veut lui reconnaître quelque signification, mieux vaut admettre que la critique d'art commence plutôt là où la condition subjective du sentiment est relayée par l'analyse des propriétés ou des caractères de ce qui le suscite.

Que, d'autre part, l'horizon d'une telle analyse puisse être théorique fait moins problème, ainsi qu'on peut d'ailleurs l'observer chez de nombreux critiques et, par exemple, chez Greenberg. Même dans le bref exemple commenté à l'instant, il est clair en effet que certains concepts jouent un rôle plus stratégique que d'autres. Ainsi en est-il de toute évidence du concept de « planéité » (*flatness*) dans la mesure où c'est son introduction, combinée avec celle des concepts de « construction » et de « recréation », qui autorise Greenberg à invoquer la « tension » qui produit, selon lui, la « force » de l'art de Pollock. Il n'est pas nécessaire de reconstruire ici les principes théoriques qui fourniront à Greenberg la base de sa critique ou de son esthétique, c'est-à-dire celle de ce que les Américains nomment modernisme ou formalisme, pour constater qu'on ne se trouve plus là du côté du pôle subjectif du travail critique, mais bien de celui de l'organisation plus ou moins délibérée d'une structure conceptuelle hiérarchisée à l'intérieur de laquelle des opérations de nature logique ne sont pas frappées, par définition, d'absurdité. Une organisation de ce genre relève de l'élaboration théorique, même si on reste fort loin de la formulation en bonne et due forme d'une théorie entendue au sens de système conceptuel, axiomatisé et déductif au sein duquel des propositions seront démontrables. En ce sens rigoureux, il est bien clair, pour revenir encore à notre disjonction initiale, que l'expression « théorie critique » ne désigne rien dans le champ de la critique d'art effective, mais cela n'empêche pas que, si l'on veut bien donner au mot « théorie » un sens moins rigide, celle-ci n'est pas nécessairement moins active dans ce champ que la subjectivité pure du sentiment. Les présupposés à caractère théorique - par exemple, le critère fourni par la nature chez Diderot ou par l'autonomie du médium chez Greenberg - ne constituent-ils pas des conditions du jugement aussi déterminantes, chez ces auteurs, que leur sentiment? Si l'on voulait en décider autrement, il y a gros à parier en tout cas qu'on serait bien en peine de comprendre quoi que ce soit non seulement à l'histoire de la critique d'art, mais probablement à celle de l'art lui-même. Nulle surprise : un prix exorbitant de ce genre doit être acquitté, à leur corps défendant ou non, et quel que soit leur champ d'application, par toutes les formes absolues du relativisme.

Débat

Modérateur : **Didier Semin**

DIDIER SEMIN : Je suppose qu'il n'est pas dans mon rôle de modérateur de demander tout de suite à Thierry de Duve comment il se sent dans le costume kantien que tu lui as taillé...

DANIEL SOUTIF : Je tiens à dire que si j'ai choisi Thierry de Duve, c'est parce qu'à mon avis ses travaux constituent l'exemple le plus cohérent de l'utilisation actuelle du jugement esthétique kantien par la critique d'art ou par des réflexions théoriques sur la critique d'art. Il n'y a aucune autre raison. Ce n'est pas un débat entre Thierry de Duve et moi. Je ne dis pas cela pour interdire à Thierry de dire que je l'ai mal lu, mais simplement pour préciser mes intentions.

DIDIER SEMIN : Est-ce que tu peux préciser un peu l'articulation, la différence que tu fais entre cette critique qui n'est pas incohérente malgré des prédicats flous, et pour laquelle tu prends Greenberg comme exemple, et ce qui serait une critique purement subjective ?

DANIEL SOUTIF : J'ai choisi Greenberg comme j'aurais choisi n'importe quel exemple. Quand j'écoutais l'exposé concernant Hazlitt, je me suis aperçu que le texte de Greenberg que j'ai commenté n'était pas très bon. Ce n'est pas un texte de critique d'art aussi éblouissant que certains de ceux qui ont été lus tout à l'heure par M. Bann. Il y avait des choses merveilleuses dans les textes de Hazlitt. J'ai choisi Greenberg parce qu'il est l'un des premiers à avoir invoqué Kant, même si, probablement, il ne l'avait pas beaucoup lu ; mais ça, c'est une autre question...
Personne ne conteste que Greenberg est un grand critique d'art, effectif, ni qu'il y a eu une relation importante entre Pollock et Greenberg, exemplaire. Un critique, un art qui se sont rencontrés.
Mais ce qui m'intéressait surtout c'était de savoir quels sont les instruments utilisés par un texte critique effectivement reconnaissable comme tel par tout un chacun. D'autre part, si l'on cherche à ne pas se trouver dans un hiatus entre ce qu'on dit quand on philosophe et ce qu'on fait quand on dit qu'on écrit de la critique d'art, la question est de savoir comment on peut réussir à combiner les deux, ou sinon pourquoi ça bloque quelque part.

Didier Semin : Ça m'intéressait que tu aies choisi Greenberg parce qu'il a quand même été longtemps compris par des gens qui ne l'avaient pas lu comme un critique normatif, d'où découlait une manière de peindre aux Etats-Unis...

Daniel Soutif : La normativité est forcément impliquée là-dedans. Mais la question est de savoir comment la normativité s'articule avec le reste, et ce qu'on veut dire quand on dit normativité. Si la seule façon de légitimer la normativité est de dire qu'elle exprime le sentiment du critique, moi j'estime qu'on a jeté le bébé avec l'eau du bain, c'est-à-dire qu'on ne sait plus ce qu'on fait quand on fait de la critique d'art, et qu'on ne sait pas ce que font les gens quand ils lisent de la critique d'art.

Hector Obalk : Je crois que ton exposé veut montrer, et je suis tout à fait d'accord, que le fait qu'il n'y ait pas d'arguments définitifs en art n'empêche pas qu'il puisse y avoir d'arguments tout simplement. C'est-à-dire que l'impossibilité de démontrer n'empêche pas qu'il puisse y avoir de bons ou de mauvais arguments en art, ou plutôt des arguments meilleurs que d'autres. Mais je voulais savoir si tu serais allé plus loin. C'est-à-dire que je n'ose pas te demander si tu as un critère, mais as-tu des choses à dire sur les bons et les mauvais arguments dans le discours critique?

Daniel Soutif : Je n'en sais rien, mais j'ai utilisé le mot critère en effet, à la fin du texte, en ce qui concerne la nature ou les concepts que je considère comme jouant un rôle hiérarchique différent, dans le texte de Greenberg par exemple - et je pense que l'on en trouverait dans la plupart des textes de critiques et que si l'on étudie soi-même ce que l'on fait lorsqu'on écrit un texte critique, on en trouverait peut-être aussi. Je pense qu'il n'est pas stupide, je ne sais pas si c'est légitime, d'appeler de tels concepts des critères. Ce sont des instruments qui ne sont manifestement pas des instruments réductibles au sentiment du critique, ou de quiconque d'ailleurs, puisque tout le monde a, bien sûr, le droit d'avoir des sentiments. Je crois que quand un concept joue ce rôle là dans l'écriture critique de quelqu'un, il n'est pas déraisonnable de l'appeler un critère. Cela ne veut pas dire pour autant qu'il soit fondé, ni qu'il ait une valeur argumentative. Mais, si on ne s'en aperçoit même pas, on n'a aucune chance de se poser la question, alors qu'il faudrait justement tenter de fonder le critère.

C'est pour cela que j'ai dit que je voulais lutter du côté du sentiment plutôt que du côté de la théorie. Mais j'ai dit à la fin de ce texte que le sentiment me paraissait davantage une condition d'exercice de la critique que quelque chose qui pourrait la définir. La théorie est aussi une condition d'exercice de la critique, si bien que la critique réelle, en quelque sorte, se déploie entre ces deux horizons. Ce dont on manque, c'est d'une réflexion sur les variétés de textes critiques. Aujourd'hui, un certain type de textes critiques a pratiquement disparu. Par exemple, la critique d'art des années 50 entretenait un rapport avec la peinture des années 50, qui était presque d'homologie. Pratiquement personne ne cherchait à conceptualiser quoi que ce soit. Ou, en tout cas, s'il y en avait qui le cherchaient - Greenberg est justement un démenti de ce que je viens de dire -, on ne se posait généralement pas le type de questions que l'on se pose aujourd'hui sur ce qui se passe dans un texte de critique d'art. On fabriquait des textes de critique d'art - et certains le font encore aujourd'hui - entretenant, en quelque sorte, un rapport mimétique avec ce dont ils parlent. Il me semble qu'il y a toutes sortes de cas de figure possibles. Et si l'on ne cherche pas à en dresser l'analyse, on ne sait vraiment pas ce qu'on fait soi-même quand on fait de la critique d'art. Je ne dis pas qu'il faille les hiérarchiser, mais je dis qu'il ne faut pas les confondre. Il y a des textes qui n'ont peut-être pas besoin de critères, d'autres qui utilisent des critères de façon tout à fait inconsciente, et qui auraient donc besoin de réfléchir sur la question de leurs propres critères, et enfin des textes qui supposent des critères plus ou moins théorisés. Chez Greenberg, par exemple, on ne me fera pas croire que la théorie de l'autonomie des médiums, pour aller vite, ne joue pas un rôle dans la façon dont il juge. Critère n'est pas le mot juste; il s'agit d'un affrontement entre des positions qui ont un caractère théorique et qui déterminent autant le jugement que le sentiment. C'est l'affrontement de positions qui ne sont peut-être pas des théories mais qui ont comme horizon un discours théorique et qui, si elles le pouvaient, se théoriseraient.

HECTOR OBALK : Tu ne réponds pas exactement à ma question qui était plus simple. Tu sembles dire que la voie est ouverte à une théorie de la critique d'art (si je résume). La voie est ouverte au fait que l'on puisse justement raisonner et réfléchir sur la validité ou la non-validité relative des arguments en art. Et tout d'un coup tu te mets un peu à la place de l'« observateur martien », dirait de Duve, c'est-à-dire que tu dis qu'il y a une typologie à faire, etc. Or tu es critique d'art, et tu es un peu sommé de répondre, me semble-t-il, à la question de savoir quelle est ta théorie de la critique d'art, quels sont les bons et les mauvais arguments.

Autrement dit, si l'affaire de De Duve consiste à dire (je vais la caricaturer, mais c'est gentiment) « my theory is there is no theory », tandis que la tienne consiste à dire « there is a theory », alors je te demande : quelle est ta théorie?

Daniel Soutif : Je crois qu'il faut tout d'abord clarifier un point : on ne peut pas confondre une théorie de la critique et une théorie critique parce qu'on peut très bien construire une théorie de la critique sans supposer une seule seconde que la critique puisse être elle-même théorique. Par exemple, un énoncé théorique concernant la critique d'art pourrait dire que celle-ci ne peut pas être théorique. Cela relève de la théorie de la critique. Par contre, admettons que j'aie raison en ce qui concerne non pas Greenberg, mais Donald Judd; admettons que « Specific Objects » constitue un élément, une bribe dans une théorie critique, c'est-à-dire que Donald Judd juge les objets en fonction de leur appartenance, non plus à des catégories historiques déjà déterminées comme la peinture ou la sculpture, mais en fonction de ce qu'il appelle leur spécificité. Alors la spécificité joue, je le dis avec énormément d'hésitation, le rôle d'un critère. Tout cet article de Donald Judd n'est-il pas consacré à montrer que les œuvres qu'il cite et défend ont en commun une propriété, celle de n'être ni de la sculpture ni de la peinture?

Thierry de Duve : Daniel, je te remercie infiniment. D'abord, de m'avoir fait l'honneur de m'avoir pris en exemple à discuter, puis pour la lecture que tu as faite, qui touche un point sensible. La question que tu portes sur le tapis est de savoir si l'art est un concept ou un nom propre. A cet effet tu discutes le contenu du premier chapitre de mon livre, *Au nom de l'art,* qui s'intitule « L'art était un nom propre ». Ce qui m'a touché dans ta lecture, c'est ta façon de dire (je traduis dans les termes de l'antinomie kantienne) : De Duve défend la thèse et loupe l'antithèse. C'est un peu vrai si on se cantonne à ce premier chapitre, où je m'en tiens strictement à un plan anthropologique - pour parler le vocabulaire de Kant - c'est-à-dire empirique. C'est dans le troisième chapitre, « Fais n'importe quoi », que l'antithèse est prise en compte, en même temps que s'ouvre un plan transcendantal qui est celui de l'universalité. Entre le premier et le troisième chapitres, le deuxième, « Kant (d')après Duchamp », fait le pont et résout l'antinomie. Toutes proportions gardées, bien entendu, ce livre mime les trois *Critiques* de Kant, la troisième faisant le pont entre les deux premières : c'est-à-dire que mon premier chapitre a à voir avec la science, la théorie, mon troisième avec l'éthique, et celui du milieu avec l'esthétique. Alors je suis

un peu gêné de te voir extraire du premier chapitre la théorie qui dit
« l'art est un nom propre », en la coupant de son rôle dans le second
chapitre où, loin de défendre la thèse sans l'antithèse, elle est la solution
de l'antinomie. De plus, tu la coupes aussi de son rôle stratégique à
l'intérieur de ce premier chapitre, dont le titre n'est pas « L'art *est* un nom
propre » mais bien « L'art *était* un nom propre ». Je ne porte ma casquette
de théoricien que dans la partie où je pose la théorie de l'art comme nom
propre, dans le reste du chapitre je porte une casquette d'archéologue, au
sens de Foucault. Ce que j'ai essayé de faire est une archéologie de la
modernité artistique. Et à travers tout le livre je rappelle sans cesse que
porter ces casquettes n'a aucun sens si on ne porte pas aussi celle de
l'amateur d'art, de l'amoureux.

  Daniel Soutif : Mon ambition était en fait très modeste. Je
n'avais aucune intention de critique globale de ton travail. J'ai
simplement pris dans ton texte le point précis où il est question de la
critique d'art. Et j'ajouterais même que si j'avais eu plus de temps
j'aurais choisi d'autres textes de toi dans lesquels tu es critique d'art. Tu
parles de trois casquettes, mais il y en a une que tu ne mentionnes pas,
c'est celle de critique d'art « comme tout le monde », selon tes termes,
c'est à dire, de mon point de vue, quelqu'un qui publie et qui *argumente*.
Tu es alors à mon avis un excellent critique d'art. Je n'ai pas voulu mettre
en évidence des contradictions, mais montrer qu'on est obligé de se doter
d'instruments si l'on veut comprendre ce qui se passe effectivement
quand on fait de la critique d'art. Je trouve tout à fait normal que tu aies
reconstitué la structure d'ensemble de ta pensée, mais je n'avais
absolument pas l'intention en visant un petit coin quelque part là-dedans
de prétendre avoir tout démoli. C'était juste le petit morceau qui
m'intéressait, parce qu'il dit quelque chose que beaucoup de gens
pensent.

  Thierry de Duve : Je l'avais bien entendu comme ça, Daniel.
Simplement, j'en profite pour repréciser ma position. Je suis d'accord
avec toi en ce qui concerne ton développement sur les concepts vagues.
Je ne suis pas compétent, mais j'ai tout de même étudié un certain
nombre de ces problèmes, et j'ai toujours buté sur des apories. Tout cela
est très elliptique dans le premier chapitre de *Au nom de l'art,* et
j'envisage peut-être d'écrire un article sur les esthéticiens anglo-saxons
qui ont mis à contribution les logiques à plus de deux valeurs, ou les
théories performatives, ou les idées wittgensteiniennes de concepts
ouverts, etc. Simplement, la théorie de l'art comme nom propre m'a

semblé infiniment plus économique sur le plan théorique et plus polémique sur le plan stratégique que les théories des concepts ouverts, etc. En plus, plus près de la réalité.

La citation que tu as faite de Greenberg confirme mon énorme respect pour lui. Et tu sais qu'il a un jour donné sa définition de la critique d'art : « pointer, pointer, pointer ». Le critique d'art ne fait rien d'autre. Il se tait, il pointe, et il dit : c'est bon. Greenberg en a peut-être abusé. Ça, c'est une autre affaire.

Je veux bien reprendre l'extrait de Greenberg que tu as cité et montrer qu'il ne fait pas autre chose que de pointer. Chez Greenberg, les concepts, comme « variété » ou « consistance », sont évidemment des jugements de valeur et pas simplement des descriptions. Et quand il parle du noir et blanc, du « all over », il ne fait rien d'autre que de pointer. Il dit au lecteur : j'ai vu Pollock, et voilà ce que j'ai vu. Et bien sûr c'est argumenté, mais ce n'est pas conceptualisé.

Daniel Soutif : Sauf que le texte est un texte, et que quand tu dis qu'il pointe, il pointe avec des instruments qui se trouvent être des instruments conceptuels.

Thierry de Duve : Je n'ai qu'un usage à faire d'un texte, c'est d'aller vérifier par moi-même. Je vais voir Pollock et vérifier avec mon sentiment si ce que Greenberg dit est vrai.

Lucien Stéphan : Une même question se pose à deux niveaux. En premier lieu on propose une alternative : est-ce que l'appréciation en face d'une œuvre a une justification purement conceptuelle, ou sa justification se trouve-t-elle dans la pure sensibilité ? C'est la première question à laquelle on répond par oui ou non. Oui, c'est conceptuel, non, c'est purement sensible.

La deuxième question est : qu'est-ce que l'art ? Réponse : l'art a une essence. Cette essence, on la saisit et on la définit. Et la définition doit s'appliquer à toutes les œuvres d'art connues. Elle doit être vraie de toutes les œuvres d'art connues qui de ce fait devraient avoir un ensemble de propriétés communes. Alors, ou bien on répond que l'on ne peut trouver une propriété commune à toutes les œuvres d'art, à l'exception d'une seule propriété, c'est qu'on leur applique le mot « art ». On appelle cette réponse nominaliste. L'alternative, cette fois, est entre essentialisme et nominalisme.

L'exposé de Daniel Soutif, si je peux me permettre de tenter de résumer, consiste à dire qu'il faut récuser cette alternative entre une justification purement conceptuelle, c'est-à-dire par des concepts durs, des concepts de type scientifique, et une justification qui relève purement de la sensibilité. Il propose une gamme d'intermédiaires.

Face à la seconde alternative, Thierry de Duve s'orienterait (si j'ai bien compris) également vers une réponse intermédiaire, après avoir mis de l'eau dans le vin de ce nominalisme pur et dur.

Sur le « pointer », je crois que je donnerais raison à Daniel Soutif. Pour moi, le bon critique est celui qui, après que je l'ai lu, me permet de découvrir dans une œuvre des choses que je n'avais pas vues. Et puisque que nous les voyons tous deux, il est probable qu'elles sont dans l'œuvre. Je peux considérer alors que le critique m'a transmis quelque chose. Il n'est pas resté dans sa tour d'ivoire.

Pour une critique philosophique ?

Michael Newman

Thierry de Duve

La spécificité de la critique et la nécessité de la philosophie

Michael Newman

S'il y a aujourd'hui une crise dans le domaine de la critique d'art, il semblerait tentant de se tourner vers la philosophie pour trouver une solution. L'argument que je développerai ici est que la philosophie n'est pas à même de fournir une solution aux problèmes auxquels doit faire face la critique d'art, puisqu'elle s'y trouve impliquée. Si la critique d'art et la théorie, prises isolément, sont toutes deux inadéquates, elles ne demandent qu'à se renforcer l'une l'autre[1]. Ce besoin réciproque ne peut, pour des raisons que je vais explorer, être comblé par une synthèse, mais, soumis à une étude généalogique, il peut indiquer la nature du problème. Dans la première partie de cette communication, je traiterai des délimitations du problème qui se pose à la critique d'art de nos jours. Dans une deuxième partie, j'essaierai de défendre la spécificité de la critique d'art en tant que pratique face à sa « relève » (*Aufhebung*) en philosophie. Cette défense prendra appui sur une notion radicale du jugement que l'on peut trouver dans la troisième *Critique* de Kant[2]. Dans ma troisième partie, le point de vue sera inversé : j'envisagerai pourquoi, après - et même chez Kant - l'« art de juger » ne pouvait pas être

---

1.
Comme il apparaîtra clairement ci-dessous, j'utilise le terme « critique d'art » pour faire référence à la pratique de l'art de juger des œuvres spécifiques, et le terme « théorie » pour faire référence à la théorie philosophique de l'art
(plutôt qu'à un ensemble de règles) qui a été développée de manière quelque peu différente par les idéalistes et les romantiques.
2.
Il convient de se rappeler que les mots anglais « criticism » et « critique »
(en français *critique,* en allemand *Kritik*) viennent du grec *krinein,* juger, de même que le grec *krisis,* discrimination et débat, mais aussi décision au sens de jugement ou évaluation, ce qui est la source étymologique du mot « crise ». Pour une discussion de ces étymologies, et l'importance de la critique au XVIIIe siècle, voir Reinhart Koselleck, *Critique and Crisis : Enlightenment and the Pathogenesis of Modern Society,* Cambridge, Mass. : MIT Press, 1988, p. 102 *sq.*

maintenu. C'est dans la théorie de l'art, et dans la théorie de la critique des idéalistes et des romantiques allemands que la réconciliation de la tradition britannique du « goût » et de la tradition allemande de l'« esthétique » tentée par Kant bifurque à nouveau, mais sous une nouvelle forme qui annonce l'avant-garde moderne[3]. C'est là que l'universalité de la critique philosophique devient la destinée de l'œuvre d'art individuelle et particulière, que l'on doit atteindre à travers l'acte de réflexion, au prix, diraient certains, de la dissolution de la singularité dans le transcendantalisme de l'ironie. Ceci pose la question de savoir jusqu'à quel point les approches postmodernistes de la pratique et de la théorie de l'art répètent la structure de l'ironie romantique.

I.

Il suffit de parcourir la plupart des périodiques et magazines d'art pour s'apercevoir que la qualité et la rigueur de la critique d'art ont fortement baissé depuis le milieu des années 80, sinon avant. Pourquoi cela s'est-il produit ?
Dire que le déclin de la critique est le résultat d'un déclin qualitatif de son objet les œuvres d'art est trop simple, puisque ceci présuppose ce qui doit être mis en question : d'abord que la critique n'est qu'une annexe descriptive et extrinsèque à son objet; et ensuite que la nature de son objet n'est pas elle-même réflexive et critique. On pourrait avancer que l'une des raisons du problème de la critique aujourd'hui est sa redondance quand les changements dans la pratique de l'art, notamment l'art conceptuel, ont déplacé la critique du rôle qu'elle a dans sa relation avec l'avant-garde, en incorporant la critique - y compris la critique d'une épistémologie descriptive et réifiante - à la pratique elle-même : la théorie de l'art remplace la critique d'art en tant que moyen approprié pour médiatiser la pratique, et, la plupart du temps, ceci est fait par les artistes

---

3.
Ph. Lacoue-Labarthe et J.-L. Nancy écrivent à propos du groupe gravitant autour de l'Athénée : « C'est en fait, il n'est pas du tout exagéré de le dire, le premier groupe d'« avant-garde » de l'histoire. »
L'Absolu littéraire : Théorie de la littérature du romantisme allemand, Paris : Seuil, 1978, p. 17.

eux-mêmes⁴. Dans ce contexte, le rôle laissé au critique est soit de devenir lui-même écrivain ou artiste, soit la métacritique de cette démarche, qui consiste à se tourner vers la théorie⁵. Dans la mesure où le goût et le jugement sont sujets à la critique, que ce soit explicitement ou implicitement à travers les œuvres - ou la pratique - elles-mêmes, le retour à une critique d'opinion plutôt qu'à une critique théorique dans le postmodernisme est en général compris comme l'indicateur d'une renaissance néo-conservatrice du goût élitiste ou de la mauvaise foi qui consiste à adopter une position indépendante tout en étant au service du marché.

Ces changements depuis la fin des années 60 doivent être compris en rapport avec la transformation historique des relations entre le modernisme, l'avant-garde et la culture de masse. L'art conceptuel a adopté le projet de l'avant-garde du XXe siècle : la critique de l'institution artistique. Ce qu'il faut expliquer, ce n'est pas simplement la manière dont l'avant-garde fournit une critique réflexive de l'institution artistique⁶, mais l'échec répété de cette démarche - la (ré)unification de l'art et de la vie - pour obtenir les conséquences extra-esthétiques souhaitées, ce qui n'implique pas nécessairement que les raisons de l'échec soient à chaque fois les mêmes.

Le critère de succès inhérent à la question « Pourquoi l'avant-garde a-t-elle constamment échoué ? » présuppose un projet pour l'art proche de celui des Lumières. Pour être plus précis, l'art prend la relève quand on perçoit que la raison des Lumières n'a pas réussi à apporter ce qu'elle promettait : l'art devient la sphère dans laquelle *la promesse de bonheur*

4.
Par exemple, Daniel Buren, Robert Smithson, Joseph Kosuth, Dan Graham, Jeff Wall, Art & Language, Victor Burgin, Mary Kelly entre autres. Toutes ces exigences de la critique contemporaine préexistent dans le romantisme allemand.

5.
Voir mon article " Revising Modernism, Representing *Postmodernism* ", 1985, réédité dans Postmodernism, ICA Documents, Londres : Free Association Books, 1989, p. 95-154.

6.
L'exposé le plus important sur l'avant-garde impliquant la critique de l'institution qu'est l'art reste celui de Peter Bürger, *Theory of the Avant-Garde,* Minneapolis : University of Minnesota Press, 1984, publié pour la première fois en allemand en 1974.

continue d'être représentée. La fonction de la critique serait d'être une élucidation et une médiation du potentiel émancipateur et profondément satisfaisant de la pratique de l'art. Un problème est soulevé, cependant, par l'implication structurelle de l'art et de la critique dans les conditions qui empêchent que cette émancipation et cette satisfaction aient lieu.

Selon l'analyse de l'Ecole de Francfort, ces conditions incluent avant tout la réalisation des implications catégorielles de la transformation en objet de consommation (instrumentalisation et échangeabilité) à l'intérieur de l'« industrie de la culture ». Là où la « vie » elle-même est régie par la forme-objet de consommation, le projet avant-gardiste de la dissolution de l'art dans la vie ne peut qu'échouer dans son intention révolutionnaire - ou peut-être trop bien réussir, mais de la mauvaise manière dans la mesure où la « vie » est devenue esthétisée en tant que fantasmagorie ou simulation.

Pour Adorno, dans de telles conditions l'avant-garde ne ferait qu'instrumentaliser l'œuvre d'art. Tandis que l'avant-garde du XXe siècle en est venue à inclure une critique du modernisme en tant qu'autonomie esthétique, Adorno fournit une critique moderniste *de* l'avant-garde comme projet de la dissolution *avant terme* de l'autonomie de l'art[7]. Une condition de la critique d'Adorno est la perception de l'échec des mouvements sociaux de gauche avec lesquels une avant-garde progressiste doit s'allier : dans la phase de capitalisme organisé postlibéral, le prolétariat a été assimilé sous forme de consommateurs.

La réponse de Clement Greenberg à cette situation a été de s'appuyer sur la philosophie de l'histoire qui servait à justifier la place de l'avant-garde en tant qu'explication légitimant le modernisme, qui devient ainsi le point culminant de l'histoire de l'art en tant que procédé d'autolimitation et d'autocritique purement internes de l'art. Ceci a été sous-tendu par une opposition non dialectique de l'objet théorique, l'œuvre d'art à la Greenberg constituée par l'élision des différentes catégories de « modernisme » et d'« avant-garde », avec la culture de masse « kitsch »[8],

---

7.
Theodor W. Adorno, *Théorie esthétique,*
Paris : Klincksieck, 1982, publié pour la première fois en allemand en 1970.

8.
Voir Clement Greenberg, " Avant-Garde et Kitsch ", 1939, in *Art et Culture,*
Paris : Macula, 1988.

base de la discrimination de ce qui en définitive réside dans le goût du critique, à une époque où la revendication kantienne de l'universalité des jugements de goût impliquait l'hégémonie d'une idéologie particulière plutôt que l'émancipation potentielle de l'humanité entière.

Alors qu'il serait faux de dire - comme beaucoup l'ont fait - qu'Adorno, comme Greenberg, « oppose » le modernisme à l'industrie de la culture, puisqu'il les concevait plutôt comme des moments dialectiquement interdépendants d'une même totalité historique[9]. L'existence des *œuvres* modernistes fournit à Adorno la base dans la réalité pour la critique, dans la mesure où elles montrent que l'« industrie de la culture » elle-même ne sature pas la totalité. C'est uniquement par le biais de l'œuvre d'art autonome que la nature contradictoire, plutôt que platement homogène, de la totalité pourrait être maintenue. Néanmoins, Adorno ne rassure pas : il n'y a en principe rien qui puisse empêcher l'homogénéisation complète de la totalité et la disparition de l'art moderniste.

De plus, comme Adorno lui-même en fait la démonstration, l'œuvre d'art devient l'« objet de consommation absolu » à cause de sa parfaite substitution de sa valeur d'échange par sa valeur d'usage - c'est la valeur d'échange qui est consommée :

« L'apparence d'immédiateté prend possession de la valeur d'échange elle-même, qui est médiatisée. Si l'objet de consommation associe en

---

9.
Le 18 mars 1936, Adorno écrit à Benjamin : « La dialectique du plus bas a la même valeur que la dialectique du plus élevé, plutôt que ce dernier tombant simplement en décadence. Tous deux portent les stigmates du capitalisme, tous deux contiennent des éléments de changement [...]. Tous deux sont les moitiés déchirées d'une liberté intégrale, à laquelle cependant ils ne s'ajoutent pas. Il serait romantique de sacrifier l'une à l'autre, soit comme le romantisme bourgeois de la conservation
de la personnalité et tout ce qui s'ensuit, ou comme le romantisme anarchique
de la confiance aveugle dans le pouvoir spontané du prolétariat dans le processus historique - un prolétariat qui est lui-même un produit de la société bourgeoise. »
(*Aesthetics and Politics,* Londres : Verso, 1980, p. 123). On trouvera une discussion de ce problème chez Peter Osborne, " Torn Halves and Great Divides :
the Dialectics of a Cultural Dichotomy ", in *News from Nowhere,*
hiver 1989, n°7, p. 49-53, et " Aesthetic Autonomy and the Crisis of Theory : Greenberg, Adorno and the Problem of Postmodernism in the Visual Arts ",
in *New Formations,* hiver 1989, n°9, p. 31-50.

général valeur d'échange et valeur d'usage, alors la pure valeur d'usage, dont les produits culturels doivent garder l'illusion dans une société totalement capitaliste, doit être remplacée par une pure valeur d'échange, qui précisément dans sa capacité de valeur d'échange prend le pas sur la fonction de valeur d'usage. [...]
Plus le principe de valeur d'échange détruit inexorablement les valeurs d'usage pour les êtres humains, plus la valeur d'échange se déguise profondément sous la forme d'objet de plaisir[10]. »
En d'autres termes, selon cet argument quelque peu hyperbolique, avec la transformation de l'art en objet de consommation, la *promesse de bonheur* de l'œuvre d'art individuelle devient soumise à la valeur d'échange : de fait, le plaisir devient valeur d'échange, et la valeur d'échange devient plaisir. Si tel est le cas, alors il se peut qu'il n'y ait que le texte critique, en tant que texte théorique, qui puisse rester vraiment « critique » en dévoilant les médiations dialectiques à l'œuvre dans l'objet d'art et dans sa relation à l'« industrie de la culture » et au capitalisme. Cependant il y a au moins deux problèmes dans cette démarche.
Le premier, reconnu par Adorno, est que le texte critique, en tant que « théorie » déconnectée des mouvements sociaux, ne peut accomplir sa fonction critique à un niveau pratique. L'institutionnalisation du modernisme à la fin des années 60 a eu un effet à la fois sur la réception d'Adorno, en Allemagne, par la nouvelle gauche[11], y compris Bürger, et sur celle de Greenberg aux Etats-Unis par des artistes et des critiques associés à l'art conceptuel. Ceci explique que la phase qui suit Adorno, de 1968 à 1974 (année de la publication de *Théorie de l'avant-garde* de Bürger), soit une tentative de renouvellement du projet de l'avant-garde, cette fois séparé du modernisme (surtout dans son interprétation par Clement Greenberg) et incluant l'autonomie moderniste comme objet de sa critique à la fois au niveau pratique (happenings, performances, inter-

---

10.
" On the Fetish Character of Music and the Regression of Listening ", 1938, dans *The Essential Frankfurt School Reader,* Andrew Arato et *al.* éditeurs, New York : Urizen Books, 1978, p. 279.

11.
Voir Peter Uwe Hohendahl, *The Institution of Criticism,* Ithaca : Cornell University Press, 1982, p. 32.

médias, etc.) et au niveau théorique (art conceptuel). Il faut noter que les deux procédures sont finalement incapables de rompre avec l'institution artistique, dans la mesure où cette dernière fournit la condition indispensable de leur visibilité culturelle. L'incorporation du structuralisme à la théorie de l'art postconceptuel des années 70 a eu pour conséquence la dissolution de la particularité de l'œuvre d'art autonome (grâce à l'utilisation de la photographie et du langage en tant que médias), ce qui par la suite a été compris comme texte dans un inter-texte ou un langage. Cela a eu pour conséquence d'éluder définitivement la question du jugement.

Si le texte critique doit devenir ce que l'œuvre d'art moderniste aurait dû être, cela signifie que le texte critique doit lui-même subir le sort de l'œuvre d'art, à savoir la transformation en objet de consommation, ce qui nous amène au second problème.

La critique en général, même si elle implique la critique au sens marxiste ou transcendantal, contribue par son rôle de médiation avec le public à l'extension de l'industrie de la culture qui en vient à inclure le modernisme, l'avant-garde et l'institution de la critique elle-même. De plus, l'indication de « criticalité » elle-même devient essentielle à l'émergence de la distinction entre l'œuvre d'art et la culture de masse dont elle dépend pour réussir sa transformation en objet de consommation : le critique « politique » se trouve lui-même/elle-même dans une position contradictoire, puisque l'attribution de criticalité sert à légitimer l'œuvre d'art sur le marché (ceci ébranle aussi l'approche de l'art conceptuel).

Une fois cela reconnu, il est devenu apparent que c'est seulement de l'intérieur de l'industrie de la culture elle-même que la critique peut être menée. Ceci définit les paramètres de la phase « postconceptuelle » du postmodernisme à partir de la fin des années 70 jusqu'au milieu des années 80, période pendant laquelle la stratégie devient celle de la subversion interne inspirée du mode philosophique de déconstruction. Ceci représentait une dernière chance - ou un pari désespéré - quant à la possibilité de soutenir la criticalité de la théorie et de la pratique. C'est l'échec de cette stratégie postmoderniste (pour des raisons à la fois « internes » et « externes ») qui est l'une des causes immédiates de la « crise » de la critique d'art aujourd'hui.

Suggérer, dans ces conditions, qu'un recours à la philosophie résoudrait d'une façon ou d'une autre cette crise, c'est oublier son histoire, qui a pris la forme de recours répétés à la théorie ou à la philosophie pour tenter de sauver l'art de la réification. C'est pourquoi je veux argumenter, dans la partie suivante, en faveur de la spécificité de la critique d'art, qu'il faut distinguer de la théorie de l'art puisqu'elle représente au moins - en la préservant et en l'anticipant - une certaine possibilité inhérente à la demande et à l'exercice du jugement. Mais nous devons aussi examiner pourquoi cette possibilité ne s'est pas réalisée. La manière la plus évidente de le faire est de réexaminer la première fois où, après que cette possibilité est devenue explicitement disponible, elle n'a pas pu être satisfaite. La théorie esthétique des débuts de l'idéalisme et du romantisme allemands post-kantiens marque le premier recours du jugement à la philosophie en tant que destinée de l'œuvre d'art individuelle. Dans la mesure où ces tendances représentent la première avant-garde, les germes de toutes les stratégies consécutives de l'avant-garde et leur échec sont déjà présents. Il est impératif de reconsidérer cette histoire si l'on veut éviter que l'appel contemporain à la philosophie pour être sauvé de la réification ne soit une simple répétition non réflexive.

II.

C'est en grande partie l'utilisation par Greenberg de la notion de goût qui explique son rejet en tant que base valable pour l'évaluation des œuvres d'art depuis les années 60, ainsi que l'abandon de la question du jugement. Le recours au goût subjectif chez Greenberg se substitue, en tant que forme de légitimation, à l'absence de compte rendu explicite du rapport entre l'histoire de l'art autonome et la totalité sociohistorique. Comme exemple pour le moins symptomatique du rejet du goût en tant que critère, il suffit de penser au critique et artiste minimaliste Donald Judd qui substitue « Il suffit qu'une œuvre d'art soit intéressante »[12], au critère de « qualité » énoncé par Greenberg. L'approche minimaliste de

---

12.
" Specific Objects ", 1965, réédité dans Donald Judd,
Complete Writings 1959-1975, Halifax :
The Press of the Nova Scotia College of Art and Design et New-York University Press, 1975, p. 184, (trad. française in Claude Gintz,
Regards sur l'art américain des années soixante, s.l., Ed. Territoires, 1988, p. 65-72.

l'objet ne fournit cependant pas de solution, dans la mesure où elle reste basée sur une épistémologie positiviste et une conception purement phénoménologique de l'expérience. Néanmoins, le minimalisme a offert une démonstration spectaculaire du rôle de la galerie d'art en tant que cadre de l'expérience qui consiste à rencontrer l'« objet spécifique » (specific object - Judd), indiquant ainsi la nécessité d'élargir cela à la critique institutionnelle menée par l'art conceptuel, qui comprenait une critique théorique du goût, consolidant sa répudiation. Qu'un rejet du « goût » implique aussi une suppression du jugement devient apparent quand, dans les années 70, le discours sur l'art en vient à être dominé par la « théorie » inspirée des penseurs structuralistes. Cependant, les récentes réévaluations de Kant en philosophie permettent de soulever à nouveau la *question* du jugement, dans ses implications politiques et esthétiques.

Une étude exemplaire à cet égard est le livre de Howard Caygill, *Art of Judgment*[13]. Ce qu'il nous permet de faire, c'est de construire une généalogie de la crise contemporaine de la critique, de la relation problématique du jugement avec la théorie, et d'apprécier plus clairement, peut-être même d'une façon nouvelle, ce qui est en jeu. Derrière l'appel à une « critique philosophique » se cache une aporie qui devint apparente lorsque Kant essaya d'orienter sa réflexion sur le jugement en rapport avec les deux traditions du « goût » et de l'« esthétique ».

Les philosophes britanniques du XVIIIe siècle (Cumberland, Shaftsbury, Hutcheson, Kames, Hume, Burke) utilisaient le « goût » comme base de la justification morale de la « société civile », de l'intérieur. Leur problème était de réconcilier l'intérêt particulier et le bien ou le but général (p. 48). La légalité de l'Etat est subordonnée à la moralité de la

---

12. *suite*

Il y a un parallèle à cela dans la conception romantique du but de l'art moderne comme étant la recherche de l'« intéressant » plutôt que du « beau » : voir Kathleen Wheeler, " Introduction ", in *German Aesthetic and Literary Criticism : The Romantic Ironists and Goethe,* Cambridge : CUP, 1984, p. 6. Si mon argument est correct, tous deux proviennent de l'effondrement d'un paradigme du jugement de goût.

13.

Howard Caygill, *Art of Judgment,* Oxford : Blackwell, 1989.
Les numéros de page renvoient à cet ouvrage.

société civile (p. 47) qui est immédiatement appréhendée par le sentiment, plutôt que connue de manière rationnelle. Le plaisir du goût devient le sens de la beauté et de la vertu en tant qu'expérience immédiate de la providence :
« Les individus se comportent de manière affective, selon leurs sentiments, mais la providence fait en sorte que la totalité de leurs actions réalise le bien de tous. De cette manière, la liberté et l'autonomie de l'individu au niveau du sens sont réconciliées avec les caractéristiques, semblables à des lois, de l'universalité et de la nécessité au niveau de l'idée. Le prix de cette solution fut la désagrégation du goût, devenu donc un moyen d'échange intangible entre la volonté rationnelle de la providence et le sentiment individuel irrationnel » (p. 43).

Ainsi, selon Caygill, puisque l'activité du goût est perçue comme émanant de la providence, les théoriciens britanniques « transmettent la responsabilité de l'autolégislation - le règlement de la société civile - à la providence », et écartent violemment son moment productif. L'exclusion de l'autoformation productive et de l'autolégislation est la corrélation idéologique de l'exclusion des classes laborieuses de la société civile comprise comme alliance de l'aristocratie et du commerce. A la fin de cette tradition, Adam Smith reconnaît le rôle de l'activité productive, amorçant ainsi la transition de la théorie du goût et de la société civile vers l'économie politique (p. 44), mais il distingue les moments d'invention et de jugement, désagrégeant et abandonnant ce dernier en la célèbre « main invisible » de la providence.

Donc, à l'intérieur même de la tradition britannique, des caractéristiques proches de lois sont attribuées aux discriminations de sens, ce qui produit ce que Kant a critiqué comme étant l'« amphibolie » qui consiste à sensualiser les concepts de l'entendement et à rationaliser, de manière immédiate, les discriminations de la sensibilité (p. 98). Le rôle de la providence était d'exclure la nécessité, pour l'Etat, de légiférer le bien commun, donnant ainsi au commerce libre cours de poursuivre ses propres intérêts sans entrave. Cependant, cela a suscité une contradiction, puisque le moment productif contenu dans la conformité de l'individuel et de l'universel, de la sensibilité et de l'intellect, de la loi et de la discrimination, ne pouvait être reconnu.

« Dans le domaine du fonctionnement, le sens moral est roi; mais son mandat ne va pas jusqu'à la production - ici règnent la force et la menace de l'esclavage. Pourtant, la production des biens dont dépend le fonctionnement vertueux de la société civile ne se fait pas sans effort, et ces biens ont été une source de conflit, maintenant écarté de la société civile. Ceux qui produisent ne sont pas reconnus en tant que membres de la société civile, leur activité productive n'entre pas dans la sphère de la richesse et de la vertu. Et pourtant, le fonctionnement harmonieux de la société civile dépend du *je ne sais quoi* de leur effort » (p. 101).

Tandis que la théorie du goût émergeait en Grande-Bretagne en tant que moyen de légitimer la société civile - le fait de rechercher son intérêt personnel menant, par l'intermédiaire de la providence, au bien commun - la théorie de l'esthétique dans les pays germanophones, et avant tout en Prusse, s'est développée à partir de la tentative de loger le plaisir dans la philosophie systématique qui fournissait la théorie et la légitimation idéologique de l'Etat *Polizei* administré de manière bureaucratique.

Tandis que les théoriciens britanniques commençaient par un sens et devaient ensuite justifier sa validité par rapport au bien commun, les philosophes du *Polizei* commençaient par l'équation de la perfection rationnelle et du bien-être commun. Pour Wolff, la perfection était légiférée d'en haut, par la « faculté supérieure », tandis que la « faculté inférieure » du sens ne participe pas du tout au jugement. Cependant, ce modèle subsomptif ne peut pas intégrer l'expérience de la beauté. Le problème s'est posé de savoir comment les facultés supérieures et inférieures devaient être reliées, de même que la question de savoir comment la beauté et le plaisir devaient être transmis. Les critiques de Wolff, les Suisses Bodmer et Breitinger, influencés par les théories britanniques du goût, avaient pour argument que le goût implique la reconnaissance et non l'attribution, et donnaient un rôle actif à l'imagination dont ils pensent « qu'elle fonctionne selon ses propres règles qui ne deviennent apparentes que dans les œuvres d'art. La tâche de la critique est de définir les règles de l'imagination telles qu'elles se manifestent dans l'œuvre, et non de discriminer entre les œuvres selon un corpus de règles déjà établies par la raison » (p. 146).

Baumgarten a ensuite tenté d'élargir le système wolffien pour prendre en compte l'expérience de l'art.

L'esthétique, fait remarquer Caygill, « était bizarrement placée à l'intérieur et à l'extérieur du système [de Baumgarten], en étant à la fois une partie discrète - le traitement philosophique de l'art - et, en tant que science de la sensibilité, son fondement » (p. 148). Ainsi la tentative d'incorporer l'expérience de l'art - le plaisir esthétique - a abouti à miner le système tout entier dès lors que le rôle productif attribué par Baumgarten à la faculté inférieure, mais qu'il restreint à la théorie, est étendu par Herder à la philosophie pratique, ce qui a pour effet une philosophie de l'histoire de l'autoformation humaine dynamique. Modelée sur l'activité tactile de la sculpture plutôt que sur la perception visuelle de l'image ou du reflet, cette vision a remis en valeur la relation étymologique qu'il y a entre l'anglais « taste » et l'allemand « tasten », qui signifie différencier par le toucher d'une manière active et productive, plutôt que *Geschmack* comme équivalent allemand du français *goût*, le *je ne sais quoi* (p. 183).

Les théories du goût et de l'esthétique ont une relation antinomique l'une à l'autre, la première s'efforçant de travailler de la base vers le sommet, la seconde du haut vers le bas. Sans l'incorporation du moment productif, le goût ne peut pas justifier sa validité, sauf en ayant recours à une providence inconnaissable. De la même façon, sans une explication sur la manière dont le principe de discrimination est *formé,* l'esthétique ne peut pas montrer comment le plaisir trouvé dans la beauté peut être lié à la perfection et au bien commun. Le plaisir dans la beauté a eu un rôle crucial en provoquant à la fois la crise de la théorie du goût et celle de la philosophie systématique de l'esthétique. Comme l'écrit Caygill :
« Dans la théorie du goût, la loi de discrimination est donnée par la providence, tandis que la production devient un *je ne sais quoi*. En esthétique, la loi est imposée à ses sujets et objets, leur refusant toute autonomie. Dans les deux cas, la proportionnalité produite par le jugement ne peut être reconnue qu'à travers le plaisir dans la beauté. La beauté détient la promesse d'une liberté qui légifère et produit pour elle-même, et devient non seulement le supplément nécessaire des théories de la société civile et de l'Etat policier, mais aussi leur point de crise et de rupture. » (p. 184).

Dans sa première *Critique,* où il se préoccupe des conditions qui rendent la connaissance possible ainsi que de la critique de la métaphysique, Kant a tenté de résoudre le problème en faisant la distinction transcendantale entre l'intuition et l'entendement, qui impliquait la restriction des deux : aucun ne pouvait par lui-même apporter la connaissance qui ne pouvait être *produite* que grâce à un *acte* de synthèse par le sujet. Cependant, s'il introduisait le moment de production qui manquait à la fois dans la théorie du goût et dans celle de l'esthétique, le modèle de jugement proposé par Kant dans la première *Critique* invitait encore à subsumer, subordonnant violemment la sensibilité, et divisant par là-même le sujet entre le transcendantal et l'empirique. Cependant, l'expérience du plaisir dans la beauté parle en faveur de la sensibilité qui paraît antérieure à sa subsomption rationnelle, bien qu'elle soit universelle, et met en question la justesse de l'explication de synthèse dans la version de la deuxième édition de la « Déduction transcendantale des purs concepts de l'entendement » et du « Schématisme ». Pour que la diversité de l'intuition et les concepts de l'entendement se retrouvent en une synthèse qui ne subsume pas violemment l'intuition, et dans laquelle l'entendement et la sensibilité soient divisés en mode actif et mode passif, il doit y avoir une proportionnalité antérieure ou harmonie - antérieure au jugement, le dépassant, et suggérée dans le plaisir -, ce qui en définitive reviendrait à l'unité de la nature avec la liberté dans la « vie » (*cf.* p. 280-283). Il en résulte que, examinant les jugements esthétiques dans la troisième *Critique,* Kant développe un autre modèle de jugement qui est « réfléchissant » plutôt que déterminant ou subsumant.

Plutôt que de commencer par l'universel et de lui subsumer le particulier, comme dans les jugements cognitifs selon la première *Critique,* le jugement esthétique réfléchissant est obligé de monter du particulier vers l'universel. Si de tels jugements ne sont pas simplement des déclarations d'appréciation contingente, mais prétendent à être universels[14], l'universalité du jugement réfléchissant doit être, pour Kant, contenu non pas dans les catégories de l'entendement, mais en référence à une proportion qui souligne l'emploi de la sensibilité et de l'entendement. Comme le résume Caygill : « La proportion fondamentale inspire la stimulation mutuelle des pouvoirs de la connaissance, stimulation qui se produit à chaque expérience mais que l'on reconnaît uniquement dans le cas des beaux objets. Elle ne peut être déterminée qu'en termes de sensation, puisqu'elle fonde et dépasse la cognition, mais cette sensation n'est pas du domaine de la sensibilité, elle constitue le *sensus communis* » (p. 336).

L'accord ou la proportionnalité des pouvoirs de la connaissance dans le *sensus communis* est transformé en idée normative à partir de laquelle la nécessité du jugement esthétique du goût doit être établie. La source de la nécessité du *sensus communis* lui-même est établie par Kant à travers un examen du génie et de la tradition. C'est ce qui nous permet d'entrevoir la possibilité que l'imagination productive puisse être « libre et se conformer d'elle-même à une loi » (*Critique de la faculté de juger,*

14.

Kant, *Critique de la faculté de juger,* seconde introduction, section IV.

section 22), ce qui revient à dire que l'invention surpasse l'emprise de l'entendement, pourtant requise pour le fonctionnement de l'entendement, et en conséquence non arbitraire. Afin de justifier la légalité intrinsèque de l'invention, de l'imagination productive, Kant a besoin d'une notion de finalité, mais ne se permet pas de faire appel à la providence que nous avons rencontrée dans la théorie britannique du goût. Il en résulte que pour Kant la finalité elle-même doit être constituée humainement, et ceci est perçu de manière analogique dans le jugement réfléchissant qui « peut décider lui-même en définitive sans présupposer de fin (*Zweckmässigkeit ohne Zweck*) parce que c'est la disposition qui constitue les fins » (p. 369). Cette intentionnalité, que Kant conçoit comme purement formelle, est la loi que le jugement réflexif se donne à lui-même comme principe transcendantal de son universalité. L'accord fondamental ainsi appréhendé et justifié dépasse le problème de l'auto-aliénation de l'entendement dans une prétendue objectivité : à partir de la perspective « du haut vers le bas », l'entendement « inscrit la finalité sur la nature, puis se soumet lui-même à ses propres lois comme si elles étaient objectives; en d'autres termes, il désavoue sa responsabilité à l'égard de l'inscription, permettant à son esprit de devenir lettre » (p. 371). Ou plutôt, l'accord ou le désaccord des finalités, ressenti dans le plaisir et le déplaisir, est fondateur : « Il fonde la possibilité de l'inscription, mais ne peut lui-même être inscrit. Selon Kant, l'accord du concept et de l'intuition ne peut être expliqué en termes de concept et d'intuition » (p. 372). La Nature - la Création - doit être justifiée « par un être qui a été ordonné pour réglementer sa propre liberté. Il est montré que l'autodéveloppement d'un tel être est le développement de la création tout entière » (p. 380). Il en résulte que la contribution de Kant au dépassement des apories du goût et de l'esthétique, de la société civile et de l'Etat, de la raison et de la sensibilité, ainsi que de la liberté et de la loi, est le concept de l'autolégislation productive et dynamique que nous trouvons dans ses discussions sur le jugement esthétique réfléchissant et la créativité du génie.

Cependant, la « conformité entre l'activité libre et la loi », et la « notion de belles relations entre les humains ainsi qu'entre eux et la nature » sont menacées dans le sublime, où puissance et domination sont en disproportion, et où la raison est à nouveau séparée de la sensibilité et de l'imagination par sa supériorité, ce qui n'est peut-être pas sans rapport avec les idées de Kant sur la Terreur qui a suivi l'affirmation révolutionnaire et populaire de la liberté et de l'autolégislation en France.

Une subsomption violente des individus à l'autorité de la loi est réinstituée : « le discours de proportion et de réalisation, qui dépasse la distinction transcendantale, est réduit à ses propres termes. Une unité centralisée s'oppose à un divers sensible instructuré et intérieurement destructeur », et « La vie éthique proportionnée est présentée en termes de société civile et d'Etat policier [...] : une société civile sans principe inhérent est régentée par un Etat policier qui possède la raison [...], le langage du beau - *Ubereinstimmung* [accord] - cède la place à celui du sublime - *Entgegensetzung* [opposition] » (p.391).

Néanmoins, Kant avait évoqué la possibilité d'une « proportionnalité transcendantale inaccessible à la pensée catégorielle » (p. 394) à travers l'examen de la validité des jugements basés sur l'expérience du plaisir esthétique.

Une défense de l'autonomie du jugement - et aussi de la critique d'art - en tant que pratique spécifique irréductible à la théorie pourrait se fonder sur ce que dit Caygill à propos de Kant en ce qui concerne les traditions du goût et de l'esthétique. Néanmoins, j'en viens maintenant à suggérer que la critique d'art ne peut se passer de la philosophie de l'art ou de la théorie.

Cependant, ceci n'est pas une revendication purement philosophique, mais plutôt historique. Il nous faut affronter les obstacles à l'actualisation de la proportionnalité harmonieuse implicite dans le plaisir esthétique et le jugement réfléchissant en tant que vie éthique de la communauté. Triompher de ces obstacles a constitué le projet de l'avant-garde.

III.

Ce qui est en cause dans les deux traditions du goût et de l'esthétique, ce sont les rapports de la société civile avec l'Etat, le goût impliquant une unité providentielle des intérêts particuliers en faveur du bien commun, l'esthétique une unité conceptuelle qui se trouve dans l'Etat « policier » ou l'Etat providence. Kant tente une réconciliation en trouvant dans la pratique productive du jugement réflexif en tant que formateur de la tradition la condition requise pour un hypothétique (« comme si ») *telos* en vue du *summum bonum,* le bien le plus élevé du « royaume des fins » moral. L'autoproduction est légitime dans la mesure où elle est aussi autolégislation. Cependant, finalement, pour Kant le *telos* ne peut être maintenu qu'au prix - comme réponse à la Terreur en

France et aussi comme résultat de l'anthropocentrisme à la racine des deux traditions - d'une violente subsomption qui dissimule la revendication de la beauté en faveur d'une proportion harmonieuse antérieure au jugement. La loi, l'autoproduction et la proportion harmonieuse de l'homme et de la nature, qui sont décrites comme reliées dans le plaisir esthétique et anticipent la communauté éthique, se désunissent.

Cependant, ce que Caygill cherche à retirer du travail de Kant sur l'aporie du goût et de l'esthétique est la notion d'un art de juger, constitutif de la tradition, réagissant à la revendication d'une proportion harmonieuse antérieure au jugement qui dépasse les termes de la distinction transcendantale (c'est-à-dire entre l'intuition et l'entendement, ce qui est illustré par l'antinomie des traditions du « goût » et de l'« esthétique », qui suppriment toutes deux le moment productif).

Ceci implique pour notre problème le fait de revendiquer comme possible une critique d'art en tant que forme de jugement qui, d'une part, n'est pas réductible à des jugements de goût simplement contingents, et, d'autre part, ne peut être subsumée par la théorie. A partir de la réflexion de Kant sur l'art de juger, nous pouvons peut-être trouver un modèle pour le politique comme n'étant ni l'Etat à planification centralisée (*Polizei*), ni le libéralisme (qui reste encore dépendant d'une idée irrationnelle de la providence). Dans la notion du *sensus communis* comme base de l'universalité des jugements de goût, se trouve représentée une *praxis* communicative réciproque (au sens aristotélicien, comme elle apparaît, à travers une lecture aristotélicienne de la troisième *Critique,* chez Arendt[15] entre autres).

Si cette revendication pouvait être justifiée, elle aurait au moins la conséquence limitée de sauver la critique d'art, en tant que pratique spécifique, de la tentative qui consisterait à l'absorber ou à l'abolir par le recours à la théorie qui a suivi dans le sillage de l'art conceptuel au cours des années 70. Elle sauverait aussi la critique d'art d'une sorte de critique sociologique qui cherche à réduire les jugements de goût à des marques du statut social, une approche qui dépend de la réduction du « jugement

---

15.
Voir Hannah Arendt, *Lectures on Kant's Political Philosophy,* publié et présenté par Ronald Beiner, Chicago : The University of Chicago Press, 1982, (trad.: *Juger: sur la philosophie politique de Kant,* Paris : Seuil, 1991).

réfléchissant » au goût tel qu'il est compris par les penseurs britanniques du XVIIIe siècle; ce qui n'est pas, cependant, sans une part de vérité, puisque c'est ce vers quoi le jugement est retourné sous la pression de l'objectification. Cependant, une telle approche passe à côté des implications philosophiques du texte de Kant, où le statut même du jugement est transformé, de telle manière que le jugement subsomptif est dépendant d'un jugement réfléchissant antérieur, dont la condition - la proportionnalité fondamentale - ne peut être conçue en termes de jugement.

Le problème pour les penseurs qui ont suivi Kant était précisément la réalisation immanente et concrète, sous une forme vivante, de la critique en tant que jugement réfléchissant (plutôt que subsumant), avec sa proportionnalité sous-jacente comme base de l'autolégislation non répressive et non dominante dans la communauté esthético-éthique. Ce projet est esquissé dans *le Plus ancien programme systématique de l'idéalisme allemand* (1796?)[16]. L'hégémonie grandissante du commerce et de la raison instrumentale ont fait que l'obstacle à une telle actualisation semble quasiment insurmontable. Bien qu'il ne soit pas ici possible de traiter ce sujet en détail comme il le mériterait, et d'entrer dans la complexité de la distinction entre l'idéalisme spéculatif et le « premier » romantisme[17], on pourrait dire que la réponse des penseurs

---

16.
Pour une traduction anglaise du *Plus ancien programme systématique de l'idéalisme allemand,* voir Appendix 3 de H.S. Harris, *Hegel's Development : Toward the Sunlight, 1770-1801,* Oxford : OUP, 1972, et la discussion p. 249-257. En français, consulter Lacoue-Labarthe et Nancy, *op.cit.* Il y a eu un débat considérable pour savoir qui, de Schelling, Hölderlin et Hegel en étai(en)t le ou les auteurs. Voir Jacques Rivelaygue, *Leçons de métaphysique allemande,* tome I, Paris : Grasset, 1990, p. 221-255.

17.
Ceci est le sujet de deux essais remarquables sur les débuts du Romantisme, Walter Benjamin, *Le Concept de la critique esthétique dans le romantisme allemand,* Paris : Flammarion, 1986, dans lequel la distinction entre l'auto-énonciation subjective fichtéenne et le « milieu de réflexion » de Schlegel et de Novalis fait l'objet d'une discussion; et Lacoue-Labarthe et Nancy, *L'Absolu littéraire,* qui considèrent, à la suite de Blanchot, que le romantisme est une « interruption » de l'idéalisme. Mon approche personnelle est plus proche de celles qu'ont Hegel et Adorno que des deux mentionnées ci-dessus.

post-kantiens implique une bifurcation renouvelée entre l'empirique et le transcendantal. Au niveau empirique, ils ont tenté d'établir une forme de vie ésotérique, abandonnant ainsi la tentative des philosophes du siècle des Lumières pour établir une sphère publique bourgeoise, mais dans la mesure où ils ont vraiment cherché à rétablir, sur de nouvelles bases, le lien entre l'art et la vie, ils ont constitué, selon Jochen Schulte-Sasse[18] (à qui je suis redevable en grande partie de ce qui va suivre), la première avant-garde.

La pensée postkantienne (et peut-être plus exactement postfichtéenne) a cherché à développer la possibilité d'un point stratégique transcendantal à l'intérieur de l'art, qui puisse servir de réponse à la demande d'une intentionnalité inhérente opposée à la chaîne infinie de l'instrumentalité dans une société de plus en plus dominée par le commerce. De fait, c'est précisément à ce moment historique que la « critique esthétique » - que Kant avait tenté de constituer et de maintenir en tant que projet unifié après l'effondrement de la critique basée sur des règles normatives pour les arts individuels (ce qui est lié au passage de sociétés stratifiées à des sociétés fonctionnellement différenciées mais économiquement unifiées) - bifurque vers la critique d'art et la théorie esthétique, ce qui devient clair chez Friedrich Schlegel. Jochen Schulte-Sasse décrit la distinction de la manière suivante :

« Tandis que la philosophie esthétique réfléchit en termes généraux sur le statut du particulier et de l'individuel à l'intérieur de la modernité, la critique réfléchit au particulier tel qu'il est dépeint dans les œuvres individuelles. Le traitement du particulier par la critique reste cependant toujours lié à la réflexion menée par la théorie esthétique, sans être capable d'utiliser les conclusions de la théorie esthétique pour systématiser sa praxis critique. En tant que représentation individuelle du particulier, l'art n'est pas du ressort des formes systématiques de la critique » (p. 131).

Ceci équivaut à une redivision du transcendantal et de l'empirique - et de l'universel et du particulier - qui en vient à être reflétée dans la structure ontologique de l'œuvre d'art elle-même (c'est-à-dire l'ironie romantique)

18.
Jochen Schulte-Sasse, " The Concept of Literary Criticism in German Romanticism ", in *A History of German Literary Criticism, 1730-1980,* Peter Uwe-Hohendahl éditeur, 1988, p. 140. Les numéros de pages dans mon texte font référence à cet essai.

et dans la relation de l'œuvre particulière à l'Art en général qu'elle implique.

Une fois que le point stratégique transcendantal est séparé de la réalité de la société, comment peut-il être justifié ? Plus précisément, une fois que l'on a compris, à la suite de Kant et Fichte, que le point stratégique transcendantal est le résultat d'un processus de production du moi ou de formation du moi (*Bildung*), la formation de la forme comme disent Lacoue-Labarthe et Nancy, se pose la question de son autorité en tant que perspective plus que simplement relativisée, c'est-à-dire de ce qui justifie la validité critique d'un tel point de vue. La solution recherchée est de mettre en équivalence le point de vue de la critique avec l'Absolu : pour les idéalistes l'Absolu en tant que principe (Fichte), en tant que terrain primordial (Schelling) ou en tant que résultat dialectique déterminé (Hegel); pour les romantiques l'Absolu en tant que réflexion de soi infinie vers l'Œuvre encore à accomplir. Le recours à la philosophie de l'histoire (Hegel) et à l'histoire de l'art (les romantiques) peut être compris comme une tentative pour résoudre le problème de l'autorité ou de la légitimation du point de vue critique, problème qui est soulevé une fois que la raison elle-même est posée comme principe ou autogénérée subjectivement à la suite de la destruction de la tradition par Descartes et de la critique par Kant du substantialisme du sujet cartésien conscient de lui-même[19]. La philosophie romantique de l'histoire projetait le point de vue critique de la raison réfléchissante dans un futur qui devenait transcendant par rapport à la réalité du présent dominé par le commerce et la raison instrumentale, transformant ainsi le schéma de progrès des Lumières en une opposition statique (*cf.* Schulte-Sasse p. 133-140)[20] : engendrant « la transcendance du surpassement au lieu du progrès ou de l'avancement[21] » ou bien une conception cyclique et organique de l'histoire remplaçant une conception qui était rationnelle et qui pouvait être prévue.

19.
Voir Lacoue-Labarthe et Nancy, *op. cit.*, p. 39-52.
20.
Voir aussi Koselleck, *op. cit.*
21.
Gisela Dishner, *Bettina von Arnim : Reine weibliche Sozialbiographie aus dem Jahrhundert,* Berlin : Wagenbach, 1977, p. 133, cité dans Schulte-Sasse, *op. cit.*, p.136.

Si, comme je l'ai suggéré, les romantiques avaient besoin d'une philosophie de l'histoire puisque la valorisation de l'individualité contre l'abstraction de l'échange soulevait un problème de justification ou de validité, sur le plan esthétique, la question qui s'est posée était : comment justifier l'œuvre particulière et objectifiée sans subsumer l'individualité sous une idée générale de perfection ? L'histoire de l'art dépasserait la contradiction de l'individu et du général dans l'idéal de l'art, et en même temps, en prenant l'art comme modèle pour une philosophie de l'Absolu, comme base d'une forme plus élevée de l'histoire où l'histoire et l'individualité seraient réconciliées. Essentiellement, on projetait dans le futur une individualité en gestation, qui surmonterait l'antinomie du particulier et de l'universel. Dans la tentative des romantiques de réconcilier l'individualité et le progrès, la théorie esthétique (ou l'« Art » au singulier, mot qui devint courant à cette époque, et opposé aux arts individuels) devint le destin des œuvres déterminées, qui doit être réalisé à travers la construction critique; elle fournit la validité qu'elles ne peuvent pas fournir elles-mêmes en unissant le particulier et le tout comme l'écrit Schulte-Sasse (p. 138) : « La critique ici est l'instrument constituant d'une forme d'art, non encore réalisée, qui n'est plus envisagée en termes d'œuvres mais plutôt comme une réflexion esthétique à travers le médium d'œuvres individuelles. » Toutes les œuvres individuelles étaient considérées par les romantiques comme incomplètes, la tâche de la critique étant de projeter leur achèvement à travers la dissolution et la construction, en anticipant l'Absolu, l'Idée, non pas en tant qu'abstraction, mais plutôt en tant qu'individu absolu qui dépasserait la scission de l'universel et du particulier. Le problème est que le travail pour atteindre une Œuvre si absolue devient infini, si bien que l'Œuvre devient l'équivalent esthétique des postulats de Kant sur la raison pratique pure comme étant l'ajournement infini de la substance éthique de la loi morale. Cela implique, en ce qui concerne l'avant-garde romantique, que la liberté autoproductive de réflexion infinie est en fin de compte seulement équivalente à la liberté formelle et abstraite de la société libérale.

Pour les romantiques, comme Lacoue-Labarthe et Nancy le font remarquer, la critique est située simultanément « dans l'espace d'" auto-illumination " de la beauté de l'œuvre, et dans l'espace existant, en toute œuvre, de l'absence de l'Œuvre[22] ». Le jugement réfléchissant kantien est poussé au-delà de ses limites réfléchissantes ou analogiques par l'identification du jugement à l'autoproduction même de forme, complétant ce qui dans l'œuvre est limité par son objectification contingente. Du côté de l'idéalisme (à l'exception de Hegel), la procédure est d'élever le jugement au niveau de l'idée en posant l'idée esthétique qui chez Kant n'est pas posée mais plutôt reflétée. Cet acte idéaliste de l'autoposition est la réflexion par le sujet de l'Identité primordiale présente dans chaque forme. Ainsi, le jugement réfléchissant retourne à une intuition intellectuelle métaphysique (mais imaginative plutôt que rationnelle) de l'Identité antérieure à l'analyse et à la division sujet/objet et transcendantal/empirique. Une route est ainsi ouverte aux philosophies de l'origine et du pré-originel (qui chez Heidegger prendront le « chemin forestier » (*Holzweg*) de la philosophie poétisante, préfigurée dans la critique romantique). La philosophie, pour Schelling, n'est pas seulement la destinée de l'œuvre d'art, puisque seule la philosophie peut révéler la vérité de l'œuvre en rapport avec le tout, mais elle déplace même l'art dans sa productivité :

« Seule la philosophie peut réouvrir les sources originelles de l'art à la réflexion, sources qui pour la plupart ne nourrissent plus la production[23]. »

Alors que par bien des côtés Schelling devance Adorno, il y a aussi une différence importante entre eux. Pour Adorno, la théorie de l'art révèle la possibilité irréalisée contenue dans l'œuvre d'une unité provenant des éléments mêmes de l'œuvre, et non imposée violemment de l'extérieur. La philosophie de la « dialectique négative », qui reste conceptuelle, ne peut pas assumer le rôle de production de cette unité, mais doit plutôt établir pourquoi elle ne peut être produite non violemment dans les conditions de la totalité. Par contraste, le rôle donné par Schelling à la philosophie en tant que « science » affirmative de l'art conduit, en l'absence perçue des conditions de réalisation de la vie éthique, à l'annulation du particulier comme présupposé du transfert de la réflexion critique dans l'intuition de l'Identité primordiale. De façon similaire, mais dans une direction différente, pour les romantiques l'esthétique

---

22.
Lacoue-Labarthe et Nancy, *op. cit.* p.105.
23.
F.W.J. Schelling, *The Philosophy of Art* [Philosophie der Kunst], Minneapolis : University of Minnesota Press, 1989, p. 11, (trad. in F.W.J. Schelling, *Textes esthétiques,* Paris : Klincksieck, 1978).

fournit le modèle d'une justification encore à réaliser de l'histoire projetée dans un futur séparé par un gouffre infranchissable (en termes pratiques) d'une contemporanéité instrumentale totalisée. A la fois pour Schelling et les romantiques, le problème de la contingence historique du sujet conduit à la philosophie des origines et de la mimesis originelle; pour Hegel et Adorno il conduit à la question du commencement, un commencement qui doit avoir lieu dans et en dehors d'un présent « non réalisé » socialement déchiré et qui doit porter le fardeau de sa contingence.

Le prix de cet utopisme esthétique du romantisme est que la division transcendantale réapparaît à l'intérieur du discours esthétique lui-même, qui se divise entre transcendantal et empirique, théorie esthétique et critique d'art, dans la mesure où la réconciliation du particulier et de l'universel reste irréalisée dans la pratique. Tandis qu'elle doit éviter la subsomption à l'universel, qui invaliderait sa prétention à exprimer la particularité, la critique d'art est continuellement menacée par la chute dans le « goût » selon la tradition britannique, ce qui, dans le contexte de la domination de la sphère publique bourgeoise par l'économique, signifie qu'elle jouerait un rôle contributif dans l'élaboration de la mode pour promouvoir la circulation des biens de consommation. Il en résulte que, alors qu'elles abordent le problème en partant de directions opposées, la philosophie idéaliste de l'art et la critique romantique répondent toutes deux au besoin de dégager l'œuvre de son objectivité en libérant son potentiel d'autoréflexion subjective dans le premier cas et d'autoformation subjective dans le deuxième. L'abandon de la question du jugement commence ici, dans la mesure où le jugement esthétique en vient à être associé à l'économie politique et à la réification ainsi qu'à la détermination passive et hétéronome du sujet par l'objectivité de l'œuvre particulière. Dans la pratique romantique, la présentation objective prend la forme de fragments, comme stimulus à une intégration active et à un développement personnel du sujet comme anticipation du *Roman,* fusion de la poésie et de la prose, universel et particulier, dans l'universel-individuel encore à venir.

La « réflexion » et le « jugement » que Kant essayait d'associer dans sa conception du « jugement réfléchissant », se sont séparés dans la philosophie des idéalistes comme Fichte et Schelling, et la critique des premiers romantiques. Pour ces derniers, *toute* objectivité unifiée pré-existante était considérée comme aliénante dans des conditions de transformation en objet de consommation, qui se développaient en particulier dans le commerce du livre, ce qui les concernait directement.

De plus, l'art devient fonctionnalisé en tant que royaume compensatoire[24], ce qui tend à désamorcer toute critique radicale contenue dans les œuvres individuelles. Si le moment productif révélé par Kant n'est pas supprimé, il est déplacé au royaume de la pure réflexion transcendantale sur soi et de la production transcendantale de soi.

L'œuvre particulière (spécialement quand elle est fragmentée dans sa forme) devient le moyen d'agir librement pour la constitution d'une subjectivité infiniment réfléchissante - c'est-à-dire pour la constitution *contre* et au-delà de la socialisation et du dialogue dans la société civile (c'est-à-dire le modèle kantien de critique). S'émanciper de la raison instrumentale - « pétrifiante et pétrifiée » selon Novalis - devient la condition qui rend possible une subjectivité authentique. L'infinie inexhaustivité de la réflexion, productive du sujet libre se produisant et se dépassant lui-même, est censée libérer l'art de la réification. Mais ceci laisse nécessairement de côté l'œuvre particulière dans son objectivité, dans la mesure où le destin de l'œuvre devient ainsi l'infinie réflexion productive du sujet se transgressant lui-même - le soi réfléchissant doit transcender son ego objectifié, ainsi que l'œuvre particulière réifiée et transformable en objet de consommation. La construction critique et la réflexion philosophie cherchent à traduire la particularité de l'œuvre, à travers l'élaboration de sa forme, en une substance éthique qui reste à réaliser, dans laquelle le particulier et l'universel ne seront plus opposés.

Le problème s'est posé de savoir comment transformer à nouveau ce projet d'autoformation basé sur la réflexion transcendantale en une critique sociale sans se soumettre à la réification. Tandis que Hegel critique l'ironie romantique comme étant une continuation de l'autoposition fichtéenne[25], on peut aussi avancer que, dans la mesure où

24.
Cf. Herbert Marcuse, " The Affirmative Character of Culture ", 1937, in *Negations,* Londres :   Free Association Books, 1988, p. 88-133. (trad. française "Réflexion sur le caractère affirmatif de la culture", in *Culture et Société,* Paris : Minuit, 1970.

25.
Voir G.W.F. Hegel, *Esthétique,* Paris : Flammarion, 1979, (trad. de S. Jankélévitch). Le point central de Hegel est que l'ironie est une simple liberté formelle, détachée de toute objectivité qu'elle dissout : en d'autres termes, une liberté subjective sans liberté objective, et finalement autodestructrice puisqu'elle doit aussi détruire sa propre objectivité.

l'effet de l'ironie est dépendant de sa reconnaissance par l'autre - il n'est possible d'être ironique que « pour un autre » - l'ironie a une dimension nécessairement sociale[26]. L'ironie est ainsi le mode dans lequel les subjectivités libérées de la dépendance à une totalité instrumentalisée réagissent les unes par rapport aux autres, et en conséquence peuvent être considérées comme sociales et communicatives plutôt que monadiques, et il en résulte la manière dont l'imagination romantique (autoproductive) est conçue pour devenir critique *sociale*. Si les romantiques ont changé « l'entendement » kantien (*Verstand*) en une catégorie sociale, il en est de même pour leur transformation de la raison (*Vernunft*) en ironie. La raison pour laquelle cette transformation a dû avoir lieu est qu'il n'était plus considéré comme possible de transformer la société au moyen d'idéaux régulateurs rationnels, puisque la rationalité elle-même avait été dégradée en raison instrumentale (une telle transformation serait en conséquence « plus de la même chose », c'est-à-dire une transformation quantitative et non qualitative). En conséquence, la capacité à penser est transférée de la raison/jugement à l'imagination productive (d'où l'importance de l'« incompréhensibilité » pour Schlegel) qui doit libérer la raison du mode de pensée quantitatif et dissoudre ainsi les ossifications de la réalité sociale et du langage lui-même.

L'hypothèse de base est que l'imagination (en tant que mouvement extatique vers l'Absolu infini) est indépendante du processus social. En même temps que l'imagination se *libère* de la société, elle se sépare de la sensibilité, de l'*esthétique* au sens ancien du terme, conservé chez Kant, en tant que science de la sensibilité. Une fois que le plaisir et la beauté sont abandonnés par l'imagination désormais transcendantale, on ne peut plus penser à l'aporie du jugement, et avec elle au rapport entre cette aporie et la vie sociopolitique intégrée à l'histoire. Quand le social est

---

26.
Pour une discussion de cet aspect de l'ironie, voir Gary J. Handwerk, *Irony and Ethics in Narrative : From Schlegel to Lacan,* New Haven : Yale University Press, 1985. La discussion romantique la plus importante de l'ironie se trouve chez Friedrich Schlegel, " Uber die Unverstandlichkeit ", (1800), in *Kritische Friedrich-Schlegel-Ausgabe,* Paderborn : Ferdinand Schöningh, II, p. 363-372, (réédité en anglais: " On Incomprehensibility ", in *German Aesthetic and Literary Criticism : The Romantic Ironists and Goethe,* Kathleen Wheeler éditeur, Cambridge : CUP, 1984, p. 32-40.

compris comme étant gouverné par la logique de l'identité, l'« altérité » doit être cherchée ailleurs - en poésie, une poésie qui n'existe pas encore, comme médium de l'« état de dialogue approprié » (Novalis)[27]. Cette pratique de la réflexion réciproque ne doit pas être normative et compétitive (la contestation des jugements en vue de chercher le sens « correct »), ce qui la réduirait à la fonction du marché, mais plutôt une infinie *Symphilosophie* et *Sympoésie,* c'est-à-dire la performance qui consiste à philosopher et à poétiser collectivement.

Dans la mesure où ce que l'on peut appeler la « communauté de l'ironie » est constituée d'une élite ésotérique socialement inopérante, soutenue par une philosophie compensatoire de l'histoire de leur triomphe final, la critique de l'ironie par Hegel peut encore s'appliquer : la communauté de l'ironie peut être la manifestation dans la réalité d'une subjectivité collective fichtéenne qui s'énonce elle-même, et dont l'universalité est projetée dans un futur utopique et irréalisable. La contradiction entre subjectivité et objectivité, entre liberté intérieure et absence de liberté objective en vient à disparaître dans les paradoxes de l'ironie en tant que corollaire d'une subjectivité luttant sans fin pour atteindre l'absolu et ne pouvant le faire sans la destruction de sa propre réalité. Ainsi, les premiers idéalistes et romantiques ont commencé avec la même intention que ce qui allait être connu comme l'avant-garde, à savoir de réaliser dans la vie toute entière l'idéal de l'art. Avec la banalisation croissante de l'objet, l'objectification de l'œuvre d'art particulière devient problématique.

Il en résulte qu'une philosophie modelée sur ce que l'art devrait être devient le destin de l'œuvre particulière, afin de sauver de la réification et de l'instrumentalisation sa potentialité de critiques et de réflexions.

Si les idéaux de l'art ne peuvent être réalisés dans la vie de la société, ils peuvent au moins former la base de la communauté des philosophes-poètes qui se reconnaissent mutuellement dans le médium performatif de l'ironie. Ce moment est aussi celui du retrait de l'avant-garde idéaliste-romantique dans l'Université (comme universalité institutionnalisée), ce par quoi la production des idées devient effectivement séparée de la production et de la sensibilité sociales, ce qui correspond à la séparation entre la sensibilité et l'imagination et à la mission de cette dernière, dont

---

27.
Cité par Schulte-Sasse, *op. cit.,* p.161.

la tâche est la formation de soi, infinie, autonome et réflexive. Ce développement historique préfigure celui de la transition entre l'avant-garde et le modernisme.

L'autonomie esthétique moderniste est en conséquence, dès le départ, un résultat de l'échec de l'avant-garde (postkantienne), l'avant-garde pré-romantique du *Plus ancien programme systématique*[28].... Dans la distinction entre les « dépassements » de l'œuvre d'art effectués par l'idéalisme et le romantisme, la critique et la philosophie restent toutes deux demandeuses d'une complémentarité l'une par l'autre, mais ne peuvent parvenir à une synthèse (distinction que Hegel a tenté de dépasser). Ceci marque un déplacement vers la difficile relation entre la théorie et la critique de la contradiction non résolue entre le subjectif et l'objectif, ou entre les aspects formels et les aspects substantifs de l'œuvre d'art elle-même, là où, dans les conditions qui prévalent, la beauté ne peut être atteinte sans violence dans la production et la récupération dans la sphère de circulation.

Je pense que cela peut nous permettre de comprendre la situation actuelle. Si la philosophie et la théorie sur lesquelles s'appuie le postmodernisme (Barthes, Lacan, Derrida, de Man, Lyotard, etc.) partagent une problmatique avec celles des romantiques et idéalistes allemands[29], ce n'est pas une coïncidence, ni simplement une question de l'insurpassibilité *a priori* de la métaphysique. La prévalence de cette philosophie, et son réel succès sur le marché universitaire et culturel, doit en partie au moins être

---

28.
Cf. Novalis dans « Monologue » dans *Œuvres complètes*,
traduction et présentation par Armel Guerne,
Paris : Gallimard, t.2, p. 86-87, 1975 :
« C'est étonnant, l'erreur absurde que les gens commettent d'imaginer
qu'ils parlent pour les choses; personne ne sait cette chose essentielle au sujet
du langage, à savoir qu'il ne se rapporte qu'à lui-même. »
   29.
Blanchot, Heidegger et Derrida fournissent la perspective
pour le débat de Lacoue-Labarthe et de Nancy sur l'idéalisme
et le romantisme dans *L'Absolu littéraire*. Pour les suivants, au contraire,
le débat sur les romantiques et les idéalistes fournit une base
pour la critique de la philosophie contemporaine :
Manfred Frank, *What is Neostructuralism?*,

comprise dans le contexte de l'échec des mouvements d'avant-garde des années 60. Au sens que j'ai esquissé ci-dessus, c'est une philosophie *moderniste*. Nous sommes par conséquent confrontés au paradoxe que des tendances prétendument postmodernistes dans l'art et la théorie de l'art, et qui de toute évidence s'opposent au modernisme esthétique, s'inspirent d'une philosophie moderniste pour se comprendre elles-mêmes. De plus, comme je l'ai suggéré, l'idée que la criticalité de l'œuvre d'art pourrait être sauvée par sa « relève » en philosophie est déjà apparue dans la première transition de l'avant-garde au modernisme philosophico-poétique (transition qui s'est répétée dans la formation de ce qui est plus généralement considéré comme étant le modernisme dans les arts plastiques après 1848). Et s'il est exact de dire que la crise actuelle de la critique a été provoquée au moins en partie par la transformation en objet de consommation de la théorie, le recours à la solution des premiers idéalistes et romantiques - qui était précisément d'échapper à la réification en prenant la philosophie de l'art ou la (re)construction critique comme destin de l'œuvre particulière - doit être reconnue comme étant indéfendable.

Les effets et la signification de la dernière version de cette démarche peuvent être mesurés par rapport à la conception kantienne de la proportionnalité, sous-jacente au jugement réfléchissant et révélée par lui, comme on peut le trouver dans l'étude de Caygill. Si le jugement réfléchi bifurque en réflexion théorisante à la fois critique et ironique, et en critique d'art au service du marché, ceci indique-t-il une rupture du transcendantal et de l'empirique après l'échec dans l'accomplissement d'une forme de vie suggérée par l'expérience de la beauté ? Les deux parties portent les marques de la lutte pour surmonter ce destin. La philosophie, de Nietzsche à Derrida en passant par Heidegger, implique

---

29. *suite*

Minneapolis : University of Minnesota Press, 1989,

et *Einführung in die frühromantische Ästhetik,*

Frankfurt/Main : Suhrkamp, 1989.

Peter Dews, *Logics of Disintegration :*

Post-Structuralist Thought and the Claims of Critical Theory,

Londres : Verso, 1987. Andrew Bowie,

Aesthetics and Subjectivity : From Kant to Nietzsche,

Manchester : Manchester University Press, 1990.

une problématisation du transcendantal[30] et la tentative de se donner une matérialité linguistique; tandis que la critique d'art tente de se sortir du bourbier de la transformation en objet de consommation par le recours à la théorie. Un des points de convergence du problème, sur lequel je ne peux m'étendre ici en détail, est la question de l'exemplarité.

En bref, ce que l'exemplarité (de l'œuvre de génie) révèle pour Kant est le *telos* autoformatif de la culture de l'homme vers un destin de liberté et d'autolégislation : « libre et de lui-même capable de se conformer aux lois ». Ce *telos,* comme je l'ai suggéré, s'est bloqué dans la réalité, d'où la scission (*Entzweiung*). Le retour à Kant dans la philosophie récente, et le retour de la question du jugement est, je le soupçonne, lié à une tentative de concevoir d'une manière neuve la sphère publique de la société civile. Si l'exemplarité est comprise au sens de subsomption de la singularité, ou si le destin du particulier - de manière paradigmatique, l'œuvre d'art particulière dans la mesure où l'expérience de la beauté évoque la possibilité d'une relation à l'autre non violente - est entendu comme son dépassement en philosophie en tant que théorie catégorielle, cela serait en fait analogue à la domination politique de l'identité. D'autre part, si le singulier ne doit pas être pensable de manière rationnelle, ne doit pas être accessible à la critique, à la médiation conceptuelle par rapport à la totalité, on pourrait alors craindre la régression vers une légitimation providentielle du libéralisme, car autrement comment pourrait-on éviter que la pluralité des « jeux de langage » ne devienne mutuellement destructrice ou sujette à la domination par l'un ou par l'autre d'entre eux?

L'aporie du jugement dans la modernité - la modernité en tant que destin historique - est plutôt que nous devons juger, mais « nous » n'en avons pas la possibilité[31]. L'impossibilité ou l'aporie du jugement ne doivent pas être obligatoirement transposées dans le registre de la quasi-métaphysique. Et ce « nous » n'est pas forcément compris comme la

---

30.
Voir Rudolphe Gaché, *The Tain of the Mirror : Derrida and the Philosophy of Reflection,* Cambridge, Mass. : Harvard University Press, 1986.

31.
Jean-François Lyotard et Jean-Loup Thébaud, *Au juste,* Paris : Christian Bourgeois, 1979.

réduction de la pluralité à un consensus homogène, s'il est considéré autrement comme l'autolégislation non encore atteinte, et un libéralisme déshistoricisé, mystifié et providentiel. Pour cela, le problème des discours politiques et de l'action - le problème d'une communauté ni transparente à elle-même, ni totalement opaque, ni une totalité homogène ni un simple agrégat d'intérêts particuliers - nécessiterait d'être reformulé plutôt qu'aboli. C'est pourquoi il est vital de maintenir, plutôt que de dissoudre prématurément, la tension qui existe entre la critique et la philosophie où, dans l'espace aporétique ainsi créé, l'œuvre d'art prend place - la place d'une promesse sans cesse brisée.

Londres, novembre 1990.

J'aimerais remercier J.M. Bernstein de l'université d'Essex pour ses remarques sur une précédente version de cette communication.

Débat

Modérateur : **Michel Bourel**

MICHEL BOUREL : Il me semble que cette communication a bien posé le problème des rapports de la critique et de la philosophie. Cette communication se termine sur une note optimiste sur la nécessaire tension entre la critique et la philosophie. Refaire, en effet, l'historique de cette séparation à partir de la question du goût chez les philosophes anglais et de l'esthétique dans la pensée allemande était tout à fait intéressant.

Pensez-vous que l'art dont s'occupe la critique et l'art dont s'occupe la philosophie recouvrent exactement les mêmes objets ? J'ai l'impression que la critique travaille sur des objets contemporains, et vous l'avez tout à fait bien situé dans la première partie de votre exposé, alors que la philosophie semble devoir travailler sur un corpus d'œuvres déjà constitué et, en quelque, sorte cernable incontestablement comme art.

MICHAEL NEWMAN : Je commencerai, en premier lieu, par la distinction faite entre la philosophie et la théorie de l'art. Cela nécessiterait un compte-rendu historique de la constitution de la théorie de l'art. J'ai essayé, de manière expérimentale, de percevoir l'émergence historique de cette théorie comme étant un reflet du destin de l'œuvre d'art individuelle. Donc, pour établir cette distinction entre philosophie et théorie, il faudrait procéder à une comparaison de deux moments historiques : les débuts du romantisme et de l'idéalisme, c'est-à-dire après Kant, et le développement de la théorie de l'art des années soixante-dix, après Greenberg, quand l'œuvre d'art elle-même assure un rôle théorique. En second lieu, il faudrait se demander si l'objet de la critique et celui de la philosophie sont les mêmes : je dirais que non, et c'est l'espace de l'aporie que je cherchais à désigner. Car la critique essaie de répondre de manière descriptive à la particularité de l'œuvre, alors que la philosophie se sent davantage concernée, depuis Kant, par la condition de possibilité d'existence de l'œuvre. Et le problème des romantiques allemands était qu'ils ont perçu que les conditions de possibilité d'existence de l'art n'étaient pas présentes. Que l'œuvre devait donc être projetée de manière idéale dans le futur.

Comparer les incomparables, ou :
comment collectionne-t-on ?

Thierry de Duve

      Je vais traiter d'un point jusqu'ici négligé ou insuffisamment résolu de ma « théorie » esthétique. Il faut comprendre mon exposé comme une petite pierre dans un édifice toujours en construction, mais il faut comprendre aussi que la moindre pierre tire son sens de la construction d'ensemble. Je ne peux donc m'adresser, par nécessité et sans arrogance, qu'à un auditeur ou à un lecteur qui a une certaine familiarité avec mes travaux. Je reprends donc le point de départ de mon interrogation, tel qu'il se trouve formulé sur la quatrième de couverture d'*Au Nom de l'art*[1] : on ne devrait jamais cesser de s'émerveiller, ou de s'inquiéter, de ce que notre époque trouve parfaitement légitime que quelqu'un soit artiste sans être peintre, ou écrivain, ou musicien, ou sculpteur, ou cinéaste... La modernité aurait-elle inventé l'art *en général?*

      Peut-être suffit-il ici de rappeler qu'en tant que paradigme de l'art en général, le readymade de Duchamp a été pour moi la pierre d'angle d'une longue réflexion sur l'esthétique de la modernité. En raccourci, ce que la modernité a changé à l'esthétique classique tient à ce que, pour formuler un jugement esthétique, la phrase nue « ceci est de l'art » a remplacé des jugements tels que « ceci est beau en tant que peinture », « ceci est sublime en tant que morceau de musique », « ceci est extraordinaire en tant que roman », et d'autres du même genre. Choisir un readymade est un acte qui ne requiert aucun métier particulier et qui ne relève d'aucun art en particulier. Un readymade est de l'art en général ou alors il n'est rien.

      Depuis la légitimation des readymades de Duchamp par l'histoire de l'art, l'*art en général* est la nouvelle donne. Sa teneur est la suivante : faire de l'art avec tout et n'importe quoi est à présent techniquement possible et institutionnellement légitime. Bien sûr, tout

---

1. Thierry de Duve, *Au Nom de l'art,* Paris: Minuit, 1989.

n'est pas de l'art, et je me garde bien d'admettre sans autre forme de procès que n'importe quoi en soit. Mais, *a priori,* n'importe quoi peut en être, ce qui est tout différent. Pour juger qu'il en est, encore faut-il que ce « n'importe quoi » soit esthétiquement convaincant. L'énorme difficulté qui résulte de cet état de choses est qu'il faut à présent juger au coup par coup, sans aucun critère de jugement. J'entends : sans critère déterminant de comparaison. Une œuvre qui relève de l'art en général est une œuvre qui se sert de n'importe quoi pour réclamer un jugement en forme de « ceci est de l'art ». Elle demande donc que le jugement esthétique soit un baptême, d'où la théorie que j'ai fait mienne : l'art est un nom propre[2]. C'est aussi une œuvre qui récuse qu'elle soit comparable *en qualité* à tout ce que la tradition moderne et prémoderne a nommé art, tout simplement parce qu'elle n'est comparable à rien qui soit reconnu comme artistique *par convention*. Plutôt que de respecter les conventions d'un métier spécifique qui permettraient de la ranger *a priori* dans la peinture, la sculpture, la littérature ou la musique, et puis de juger si c'est une bonne œuvre ou non, elle fait porter le jugement sur les conventions mêmes[3]. Son seul *a priori* à elle, l'art en général, n'est pas une convention. (S'il l'était, tout serait de l'art et rien ne le serait plus; nous n'aurions plus à juger.)

Reprenons : dire que l'art est un nom propre, c'est dire que lorsque le mot art est employé pour baptiser quelque chose - n'importe

---

2.
Voir le premier chapitre de *Au nom de l'art*, « L'art était un nom propre ».
3.
Le cas du readymade duchampien est évidemment le plus radical.
Mais tout le modernisme (au sens greenbergien par exemple) obéit à la même régulation. Ceci devient très visible dès lors que, en rupture avec l'interprétation *moderniste* du modernisme, on cesse de mettre l'accent sur l'autoréférence du médium pour le mettre sur le fait que ce qu'on appelle les conventions du médium implique un pacte ou un consensus. Le modernisme n'aurait pas eu lieu si le pacte n'avait pas été rompu, si le consensus n'avait pas cessé d'être assuré. Et le pacte n'aurait pas été rompu si les nouvelles conditions sociales stipulées par la modernité n'avaient pas fait qu'on ne sache plus entre qui et qui le pacte devait être scellé.
Que n'importe qui soit juge de l'art, que n'importe qui même puisse se prétendre artiste est la face sociale du n'importe quoi et de l'art en général.

quoi -, il désigne mais ne décrit rien. Il reste vide de sens mais n'a que des référents. Il agit comme un index pointé vers quelque chose qu'il ne montre pas. Dans la phrase « ceci est de l'art », il y a donc deux index : le mot « ceci », désignateur mobile qui pointe vers l'œuvre dont on parle, qui peut bouger d'une œuvre à l'autre, et qui la montre; et le mot « art », désignateur « rigide » (selon la théorie du nom propre de Saul Kripke[4]), qui pointe vers quelque chose d'absent qui ne saurait être que la collection de tout ce qu'on a soi-même déjà nommé art par une procédure semblable. Cependant, toute chose qui relève *a priori* de l'art en général demande à être jugée esthétiquement, sans quoi on se demanderait de quel arbitraire pourrait bien jouir la phrase « ceci est de l'art ». C'est dire qu'elle demande malgré tout à ce que ses qualités formelles soient comparées à celles qu'on attend en général de l'art, alors qu'on ne dispose pas de critère de comparaison qui en fasse *a priori* un candidat plausible au titre d'art. Alors que rien ne permet de comparer les qualités esthétiques de la pelle à neige de Duchamp à quoi que ce soit d'artistique (dire que c'est une belle pelle à neige n'en fait pas de l'art pour autant), elle n'en demande pas moins à être évaluée en référence à l'art, tous critères abolis et toutes spécificités mélangées. Autrement dit, à tout ce que comprend pour la personne qui prononce le mot « art » la collection que ce nom propre désigne mais ne montre pas. Un tel jugement peut faire flèche de tout bois. C'est par excès plus que par défaut qu'il souffre d'un manque de critères. Tout le monde attend quelque chose de l'art, et l'amateur sophistiqué, familier de l'histoire de l'art aussi bien que de la scène contemporaine, attend des choses très complexes qu'il serait bien en mal de ramener à un jeu de critères, mais dont il a le sentiment qu'elles ne sont pas du tout sans critère. Voici le point : en définitive, et quelle que soit la justification qu'il donne de son jugement, l'amateur sophistiqué se trouve sur le même plan (mais bien sûr pas au même niveau de culture ni de sensibilité) que le quidam quand il juge que ceci est de l'art ou non : il n'a pour arrêter son jugement que le sentiment d'avoir affaire ou non à de l'art[5].

Le sentiment d'avoir affaire à de l'art, c'est le sentiment que la chose dont on juge a elle-même à faire avec tout ce qu'on a déjà

4.
Saul Kripke, *La Logique des noms propres,* Paris: Minuit, 1982.

collectionné sous ce nom. C'est référer la chose qu'on a sous les yeux, candidate au nom d'art, à toutes les autres choses qui sont déjà ses référents. Cette totalité, bien sûr, n'est jamais accessible à la conscience. J'écrivais à la page 49 d'*Au Nom de l'art* : « C'est ainsi que les référents de la phrase " ceci est de l'art " peuvent reculer dans l'expérience et se voir enfouis sous des sédiments stratifiés de sens et d'affects difficilement discernables et par là " inconscients ". Ce sont pourtant ces référents aliénés les uns des autres parce que coupés de l'expérience sentimentale qui les a produits qui se voient regroupés et autonomisés au nom d'une idée qui passe parfois pour leur propriété ou leur signifiance commune, mais qui n'est justement que le renvoi à ce nom d'art qu'ils ont en commun et en propre. L'interréférence qui unit, désunit, rassemble et oppose toutes les choses que vous, personnellement, nommez art, est l'idée que vous vous faites de l'art et à laquelle vous confrontez le sentiment éprouvé devant la chose nouvelle et inattendue qui vous

---

5.
On m'a beaucoup reproché cette conception « sentimentale » du jugement esthétique,
m'imputant du même coup une conception romantique de l'art que je récuse
(bien que je ne la récuse qu'à moitié, ayant une conscience historique aiguë
de l'héritage romantique du modernisme). A l'accent que je mets sur l'amour de l'art,
on oppose l'ambition théorique de l'art moderne et postmoderne.
Il me semble que je la néglige moins que quiconque. Il faut une bonne dose de naïveté
ou de mauvaise foi pour s'imaginer que je conçois le « ceci est de l'art » appliqué
à la pelle à neige de Duchamp comme la *simple* traduction d'un « j'aime ça ».
Ferai-je taire les sarcasmes si je rétorque, à ceux qui croient m'apprendre quelque
chose en me disant que la valeur du readymade n'est pas esthétique mais intellectuelle,
qu'il n'est pas destiné à susciter un sentiment mais un questionnement sur la nature
de l'art, que son contenu n'est pas affectif mais théorique, en leur demandant comment
ils le savent? Qu'un vulgaire objet contienne une théorie, de l'art ou d'autre chose,
me paraît singulièrement saugrenu. Ce à quoi mes adversaires ont réagi, tout comme
moi, ne saurait être qu'au sentiment, au fond assez inexplicable, que le readymade
contenait une théorie de l'art. Un tel sentiment précède, accompagne, suscite
(je n'en sais rien) le questionnement intellectuel. Il le colore aussi d'un plaisir
qui est un plaisir d'intellectuel, mais qui est aussi esthétique
que celui du mathématicien qui a trouvé une formule élégante. Et c'est un sentiment
de cette nature qui, *en définitive,* me fait dire sans hésiter devant la pelle à neige :
j'aime ça.

bouleverse dans l'instant où elle se propose comme candidate à votre appréciation esthétique. » Et j'ajoutais là une note en bas de page : « On se contentera ici d'une notion intuitive de l'interréférence, qui en aucun cas ne peut être confondue avec celle d'autoréférence (du concept d'art), dont la critique d'art fait un usage abusif. Elle demandera à être théorisée le temps venu. »

    Le temps est venu de le faire, et c'est l'objet de mon exposé. Plus que de la théoriser, il s'agira en fait d'abandonner cette notion intuitive de l'interréférence. J'aimerais réécrire ainsi le paragraphe d'*Au Nom de l'art* que je viens de citer : « Ce sont pourtant ces référents aliénés les uns des autres parce que coupés de l'expérience sentimentale qui les a produits qui se voient regroupés et autonomisés au nom d'un *appel à la comparaison* qui passe parfois pour leur propriété ou leur signifiance commune, mais qui n'est justement que le renvoi à ce nom d'art qu'ils ont en commun et en propre. La *référence partagée* qui unit, désunit, rassemble et oppose toutes les choses que vous, personnellement, nommez art, *ne vous est pas accessible, et aux autres encore moins. Elle est pourtant l'étoffe même de votre expérience de l'art.* » Et j'enchaînerais comme suit : Elle est la résultante cumulative d'un processus de comparaison quasi automatique qui prétend comparer entre elles des choses qui ne sont pas nécessairement comparables en termes de médium, de forme, de style ou de sujet, comme si elles étaient comparables, et qui se sent justifié dans sa prétention parce que les sentiments que ces choses suscitent offrent précisément une base de comparaison, quelque traîtresse qu'elle soit. En réalité, le jugement esthétique n'est pas une comparaison directe : il ne place pas dans les plateaux de la balance une chose candidate au nom d'art d'un côté, et de l'autre toutes les œuvres qui ont déjà passé l'examen, et pas davantage un sentiment d'avoir affaire à de l'art d'un côté, et de l'autre un « sentiment d'art » vague et général qui serait comme le commun dénominateur affectif de tout ce qu'on juge être de l'art. C'est une comparaison par analogie, une comme si-comparaison. Quand vous décidez de faire entrer une œuvre d'art dans votre collection, et surtout si c'est une œuvre que ne soutient que peu de jurisprudence ou aucune, une chose que rien du côté du médium, de la forme, du style ou du sujet ne prépare à être de l'art mais qui vous enjoint malgré tout de la comparer à tout l'art qu'il y a dans votre collection, une chose si inattendue que de l'appeler art, au sens le plus générique du terme, est précisément l'enjeu, une chose qui a toutes les chances de susciter un sentiment de ne pas avoir affaire à de l'art, vous ne le ferez pas en vous basant sur votre seule expérience passée. Les comparaisons échouent. Et pourtant, c'est comme si vous en passiez par un raisonnement comparatif qui dirait : « Cette chose, ici, qui me demande de la comparer à toutes les choses que je juge être de l'art, est aux choses déjà présentes dans ma collection ce que le sentiment dérangeant de ne pas avoir affaire à de l'art, que cette chose occasionne, est aux sentiments que mon expérience passée m'a appris à attendre de l'art. »

Il y a d'autres lectures possibles de cette « algèbre » : cette chose, ici, qui pour moi n'est pas encore de l'art, entretient avec le sentiment de non-art qu'elle suscite le même rapport que celui que la totalité de ma collection d'art entretient avec mes attentes. Ou encore : le sentiment qui bouleverse tant mes attentes se compare à ces mêmes attentes comme cette chose inattendue se compare à tout ce que je nomme art. Et encore : mon expérience de l'art est aux choses que cette expérience m'a amené à collectionner ce que mon inexpérience devant cette chose nouvelle, ici, est à la chose en question. Et ainsi de suite. Si vous rendez les armes au sentiment qui s'empare de vous, le verdict coule de source. Vous concluez, bien que vous n'ayez pas besoin de le dire explicitement ni même consciemment : « ... de sorte que je nomme cette chose art ». Cependant, votre « conclusion » n'est pas une conclusion au sens logique, et le « raisonnement » par lequel vous y arrivez n'est pas un raisonnement. Ce n'est pas qu'il soit déraisonnable ou que vous soyez irrationnel quand vous jugez esthétiquement, c'est votre jugement qui l'est, littéralement, comme le sont les nombres du même nom, puisqu'il fait l'équation de deux fractions sans raison commune. Ce comme si-raisonnement, cette comparaison par analogie, est ce que Kant a appelé un jugement réfléchissant, et Duchamp, avec une perspicacité rare, une *comparaison algébrique*[6].

6.
Voir le deuxième chapitre de mon livre *Résonances du readymade,* Nîmes : Jacqueline Chambon, 1989, « Etant donné le cas Richard Mutt », et la citation de Kant qui lui sert d'exergue. Pour un développement d'une résonance particulière de la *comparaison algébrique* dans l'art après Duchamp, voir mon essai, *Lavier/Sélavy,* dans le catalogue de l'exposition *Bertrand Lavier,* au Centre Georges Pompidou, Paris, 1991.

Si vous avez, comme moi, du goût pour la théorisation philosophique, vous n'en aurez pas vite fini d'analyser cette singulière congruence de Kant et de Duchamp. Mais comme amateur d'art ou comme critique, vous n'éprouvez pas nécessairement le besoin de nommer et d'analyser le processus qui régule vos jugements esthétiques. Il vous suffit de le savoir confirmé par votre expérience. Combien de fois depuis l'enfance, lorsque vous avez commencé à vous constituer une collection imaginaire d'œuvres d'art, n'êtes-vous pas passé par une comme si-comparaison de cette sorte chaque fois que vous avez fait entrer une œuvre nouvelle dans votre collection, augmentant petit à petit le nombre de référents que vous donniez au nom d'art ? De toute évidence, vous n'êtes pas parti de rien pour vous mettre à collectionner. Avant de prononcer la phrase « ceci est de l'art » vous l'avez entendue dire. Toutes sortes de choses, à commencer peut-être par votre premier nounours, vous ont été montrées et données en exemple de choses chérissables. Certaines de ces choses vous ont été indiquées comme étant de l'art, et vous avez appris à associer des sentiments à des objets déjà collectionnés et chéris par d'autres, vos parents, vos professeurs d'école, le musée, la communauté artistique, la société en général. De cette manière vous vous êtes formé le goût, vous vous êtes fait une notion de ce que l'art est et signifie pour vous, vous avez haussé vos attentes au sujet de ce que l'art doit être. Vous vous êtes donné des critères. Mais « critère » n'est pas le bon mot. Il suggère malencontreusement que des caractères objectifs donnés ou des sentiments subjectifs donnés peuvent servir de base à des comparaisons qui auraient ainsi la forme d'une déduction logique : « si... alors ». En réalité, les comparaisons par analogie qui vous font juger esthétiquement ont une forme réflexive : « tout se passe comme si... de sorte que ». Concrètement : « Alors que rien dans la chose que j'ai en face de moi ne la prépare à être de l'art, alors que rien dans mon expérience ne me prépare à l'apprécier en tant que tel, mon sentiment d'avoir affaire à de l'art ou à du non-art me dit que tout se passe comme si la chose satisfaisait à des critères qui répondent à mes attentes et peut-être les débordent, de sorte que je la baptise du nom d'art. »

Ce que l'expérience cumulée de l'art augmente progressivement et spécifie n'est pas un ensemble de critères mais la plausibilité de ce genre de comme si-comparaisons. Au fur et à mesure que votre familiarité avec l'art se nourrit d'expérience, cette plausibilité s'accroît et rétrécit tout à la fois. Elle s'accroît parce que, plus riche est votre collection, plus grande est la probabilité que vous y incluiez des choses qui n'eussent pas été de l'art pour vous auparavant. Et elle rétrécit parce que le niveau d'intensité des sentiments, la quantité de surprise, la richesse et la densité de l'expérience que vous attendez d'une œuvre d'art augmentent au rythme de votre fréquentation des œuvres. Il devient de plus en plus plausible que vous vous mettiez à aimer une œuvre dont le médium, la forme, le style ou le sujet vous paraissent sans relation avec l'art, et de moins en moins plausible que vous vous satisfassiez d'une œuvre qui ne vous procure pas un sentiment égal en qualité à ceux que l'art vous donne d'ordinaire. Plus une œuvre vous interdit de l'appeler art en paix avec vous-mêmes, plus elle vous invite à accueillir comme plausible qu'elle se voie comparée à des œuvres que d'autres temps, d'autres peuples, nations, races, classes sociales, et l'autre sexe, appellent art. Et plus une œuvre dérange votre idée de l'art et éveille en vous le sentiment que l'inattendu est arrivé, plus vous ressentirez que ce qu'elle attendait de vous était précisément d'élargir votre horizon d'attentes. Ce dernier tour de la réflexion, dont le signal est le sentiment du dissentiment, vous arrache à vous-même; vous vivez l'impression que le consensus social autour des conventions artistiques a été brisé; votre jugement est rendu d'autant plus anonyme que vous vous sentez incapable d'assigner les diverses valeurs dont vous ressentez en vous les conflits à des instances sociales nommables; et vous vous sentez investi de la responsabilité de renouer un pacte impossible qui s'étende à tout le monde et à n'importe qui. Alors, c'est comme si vous disiez : « Cette chose, ici, que je ne peux pas approuver personnellement sans conflit intérieur, se compare à ma collection personnelle, comme ma collection personnelle, une fois agrandie d'une unité pour inclure la chose en question, se comparerait à une collection radicalement impersonnelle. »

Une collection radicalement impersonnelle serait composée de tout ce que tout le monde et n'importe qui pourrait appeler art en accord avec vous. C'est bien sûr une abstraction, un idéal, une simple Idée dont le nom est l'art, l'art au sens générique du terme. Même si tous les hommes et toutes les femmes sur terre étaient consultés, il serait impossible de la rassembler, ne fût-ce que parce que la plus exhaustive des enquêtes laisserait encore de côté les morts et les enfants à naître. Et si tous les hommes et toutes les femmes sur terre pouvaient être consultés, cette collection n'en serait que davantage une simple Idée. Car le désaccord est de règle et non l'accord; le « dissensus » et non le consensus; le dissentiment et non le sentiment commun. Lorsque Kant résolut ce qu'il appelait l'antinomie du goût - thèse : le sentiment de la beauté n'est que subjectif; antithèse : non, il doit être universel - en faisant appel à un *sensus communis,* à une faculté de s'accorder universellement partagée, il savait bien que ce sentiment commun n'était qu'une Idée. Mais il avait aussi compris qu'il était requis de supposer sa présence en chacun de nous. Sans l'exigence de l'accord universel, il n'y aurait pas de jugement esthétique. Il y aurait des goûts (au pluriel), mais il n'y aurait pas d'art (au singulier). Chaque fois que vous dites « ceci est beau », vous exprimez un sentiment dont la teneur est « j'aime ça », mais vous le faites comme si tout le monde et n'importe qui s'accordait librement avec votre jugement, et vous le faites *de sorte* à réclamer pour votre jugement l'assentiment universel. Chaque fois que vous dites « ce tableau est beau », ou « ce morceau de musique est sublime », ou « ce roman est extraordinaire », vous réclamez le même assentiment universel, mais dans les limites d'un pacte social qui n'autorise que certaines catégories d'objets à être appréciées esthétiquement comme des tableaux, d'autres comme des morceaux de musique, d'autres encore comme des romans. Ces limites ont explosé. Le pacte social a disparu. La nouvelle donne, c'est l'art en général.

   Je termine en disant clairement quelle est ma politique. La « théorie » que je défends (l'art est un nom propre) n'est intéressante que pour les théoriciens en chambre. Je la souhaite vraie, bien sûr, et je ne méprise pas le débat d'idées avec les théoriciens. Mais pour les artistes, pour les amateurs d'art, pour les critiques, elle est parfaitement inutile, comme de juste. On ne fait pas de l'art avec des théories et on n'apprécie pas l'art à coup de théories, même et surtout si l'art de qualité est celui qui donne à penser. La mienne, de théorie (qui n'est bien sûr pas la mienne), a en tout cas ceci de bien qu'elle n'est d'aucun secours pour faire de l'art ni pour l'apprécier. Je ne crains donc pas qu'elle se transforme en doctrine. Devant l'œuvre, savoir que l'art est un nom propre ne vous avance à rien. En revanche, cela peut vous encourager à juger librement, à vous convaincre que l'absence de critères est le lot commun, à vous conforter dans la certitude que l'art en général n'est pas la nouvelle convention, celle qui a cours dans le petit monde de l'art, mais la nouvelle donne, l'affolante liberté, dont tout le monde jouit, de dire cas par cas ce qui mérite d'être appelé art et ce qui ne le mérite pas. Quand n'importe qui peut juger de n'importe quoi, le monde de l'art n'a que la responsabilité d'être un peu plus sévère.

───────

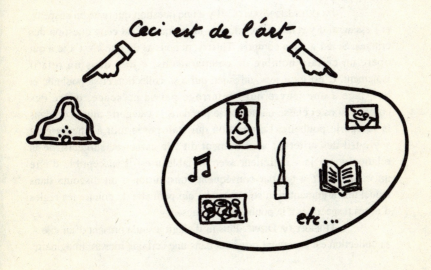

Débat

Modérateur : **Michel Bourel**

Michel Bourel : Merci Thierry d'avoir développé un point présent dans ton livre *Au Nom de l'art :* le hiatus entre le sentiment et le savoir.

Question du public : Votre schéma me fait tout à fait penser à un tableau d'ordinateur Macintosh : on pioche dans une liste de programmes. Or il y a quelque chose de très intéressant dans le Macintosh, c'est la poubelle. Il peut arriver, quand on rencontre Pollock ou un autre artiste, que certains tableaux aillent droit à la poubelle. L'art vivant est lié à la mémoire : cette idée d'esthétique et d'éthique est toujours à repenser par rapport au danger de repliement.

Thierry de Duve : Oui, c'est sûr, la poubelle sert très souvent. C'est évidemment toujours très difficile, à titre personnel, de rejeter complètement du mot art - et c'est là que mon schéma est un peu simplificateur - quelque chose qui a déjà reçu une approbation sociale considérable. Et plus cette approbation sociale est grande, plus il est difficile de dire que ce n'est pas de l'art. Mais enfin cela peut arriver. Il y a des choses que dans mon enfance, ou dans mon adolescence, je considérais comme être de l'art et qui n'en sont plus pour moi, qui sont parties à la poubelle.

Jacques Leenhardt : Il y a une question qui reste en suspens, et j'essaierai d'y relier la fonction de la critique. C'est cette question des critères. Si je t'ai bien compris, Thierry, tu nous as dit que c'est « je » qui opère un certain nombre de comparaisons, « je » dans un relatif isolement. C'est un « je », un sujet, qui a sa collection et sa poubelle et qui, face à une œuvre qui l'interroge par sa présence, opère des comparaisons et classe ou ne classe pas dans la catégorie musée ou dans la catégorie poubelle. La question qui était posée tout à l'heure était « y a-t-il des critères? », autrement dit : le caractère subjectif de la relation que « je » entretient avec un tableau est-il susceptible d'être universalisé? Y a-t-il par conséquent constitution d'un discours dans lequel une argumentation soit possible, qui permette de donner les règles d'accès respectives à la poubelle et au musée?

Thierry de Duve : Puisqu'il s'agit jusqu'à présent d'un « je », sa collection est purement privée et dans une certaine mesure imaginaire.

C'est la jurisprudence, dont Daniel Soutif a rappelé l'importance que je lui accorde, qui en fait éventuellement une collection collective, publique.

JACQUES LEENHARDT : J'entends bien que « pour l'instant » c'est une collection personnelle. Ma question vise effectivement l'étape ultérieure où cette collection serait branchée sur une argumentation qui lui donnerait un caractère plus universel. Et la question est donc ici très exactement de savoir si le discours critique n'est pas une instance intermédiaire entre la collection privée et la collection publique ou universelle; un discours intermédiaire qui a la carctéristique de ne pas être une science mais du type prescriptif. En disant « A mes yeux ceci vaut la peine d'être regardé parce que... », le discours critique tente d'établir un dialogue avec un lecteur à partir d'un jugement personnel, en s'appuyant sur l'analyse descriptive des caractéristiques formelles de l'œuvre. C'est une démarche qui se développe donc sur trois plans.

Il y a constamment, cependant, dans la description des caractéristiques formelles, un « musée imaginaire » qui intervient. Ce n'est plus un musée imaginaire privé; il est établi par l'ensemble de l'expérience passée de l'art accumulée dans une mémoire collective, laquelle enrichit le jugement personnel. Le jugement personnel puise dans cette expérience pour justifier son choix. Est-il alors bien question d'un choix singulier et personnel? Ne s'agit-il pas plutôt d'un choix qui déjà est branché, consciemment ou non, sur des argumentations techniques et comparatives, sélectionnées et rendues légitimes par l'époque? D'autre part, n'y a-t-il pas dans cette articulation-là la place de la critique en tant qu'argumentation, c'est-à-dire le lien discursif entre une expérience privée et une universalité réduite cependant à ce qui est accessible ou perceptible, à un moment donné, de l'universel?

THIERRY DE DUVE : Oui. Mais comment se constitue une collection? Au commencement est l'amateur, tel est pour aujourd'hui le roc politique sur lequel je me battrai. Il ne s'agit pas de l'universalité d'un discours mais bien de celle-ci : tout le monde est un amateur d'art, tout le monde a accès à l'art et droit au jugement. Ce n'est là qu'un point de départ, bien sûr, rien ne garantit que l'amateur juge bien. Mais cela veut dire aussi qu'aucune autorité ne garantit le jugement de quiconque et qu'aucune autorité n'a de légitimité pour dicter ses jugements, pas même Greenberg, pas même toi ou moi, ou quiconque d'autre faisant profession de critique d'art.

Il y a le jugement de l'histoire, me direz-vous. Mais l'histoire n'est que jurisprudence : elle n'est faite que de jugements accumulés, qui sont eux-mêmes jugés et rejugés. La seule vraie question qui s'ouvre devant cet amateur professionnel qu'est le critique d'art est celle-ci : est-ce que mes jugements feront jurisprudence? Il faut bien comprendre que si j'ai tellement appris de Duchamp, c'est parce que je prends très au sérieux l'inquiétude avec laquelle on peut se poser la question de savoir si son urinoir sera toujours au musée dans cinq cents ans.

Alors, comment se constitue une collection? Une mère qui donne à son enfant son premier nounours lui dit implicitement : « J'aime ça, et aime-le aussi ». On a appelé ça un objet transitionnel. Elle commence à la naissance, votre collection, c'est une collection d'objets transitionnels, d'objets chéris. Arrive un certain âge où certains de ces objets sont appelés « art ». Pas par l'enfant, mais par maman, par papa, par le professeur... Si le gosse a de la chance, on l'emmène au musée. Petit à petit se crée une collection qui augmente avec l'éducation et va dépendre du milieu social. Le « je » dont on parlait n'a rien d'une subjectivité souveraine; toutes les déterminations sociales, héréditaires, linguistiques, culturelles, économiques, etc., entrent bien entendu dans la constitution de sa collection.

Au sujet de la médiation de la critique d'art : je suis très opposé à l'idée selon laquelle l'argumentation du critique est un intermédiaire entre le privé et l'universel. Mais qu'elle soit descriptive, ça oui. Je suis de l'avis de Greenberg, pour qui la seule fonction du critique c'est de pointer, c'est de dire : j'ai vu quelque chose que vous n'avez peut-être pas encore vu, je vais attirer votre attention dessus. Daniel Soutif avait parfaitement raison en disant que le passage de Greenberg qu'il nous a lu sur Pollock était une argumentation. Mais, si on avait plus de temps, je me ferais un plaisir de reprendre ce passage et de l'analyser mot à mot, pour vous montrer que chacun de ces mots est à la fois une façon d'attirer l'attention sur quelque chose que peut-être nous n'aurions pas vu, et une invitation à vérifier par nous-mêmes si le sentiment que va nous donner ce que Greenberg a vu sera le même que le sien. Ainsi, quand Greenberg parle de « variété » au sujet de Pollock, c'est sûr qu'il emploie un mot qui est chargé de valeur. Mais c'est aussi un mot qui pointe : il n'y a qu'à compter dans son texte les choses différentes qu'il a vues chez Pollock.

DANIEL SOUTIF : Je ne suis pas d'accord sur ce point. « Compter ces choses différentes », comme tu viens de le suggérer, ne servira à rien, puisque le concept de « variété » est précisément l'un de ces concepts qu'on ne saurait déterminer à l'aide d'un seuil. On pourra simplement dire que telle œuvre présente plus de « variété » que telle autre, mais on ne pourra, dans l'absolu, dire quoi que ce soit la « variété » d'une œuvre prise isolément, puisque cela supposerait que l'on puisse clore ce concept.

THIERRY DE DUVE : L'important, dans l'expérience de l'amateur, n'est pas de théoriser la conceptualisation du critique mais d'aller vérifier par soi-même si le tableau de Pollock donne une impression de variété ou d'uniformité. Je connais beaucoup de gens qui trouvent que dans Pollock il n'y a rien, que c'est un gribouillis informe, et qui interprètent le « all over » comme un échec esthétique. Quand Greenberg parle de la variété de Pollock, et qu'il argumente, ce qu'il dit est évidemment ceci : vous pensiez peut-être que tout ça c'est pareil, retournez-y donc voir, et revenez me dire si tout ça n'est pas très différent. Et il a drôlement raison. En ce qui me concerne, son jugement a fait jurisprudence. Est-ce que j'ai répondu à ta question ?

JACQUES LEENHARDT : Oui, sauf que je voudrais la prolonger, puisque tu as repris, avec Greenberg, la notion du « pointer ». Ce qui vaut la peine d'être pointé, c'est ce qui me pointe. Autrement dit : qui se place comme sujet pointé par l'œuvre ? Et il ne s'agit plus, cette fois, de la flèche qui désigne des œuvres qui vont aller au musée ou à la poubelle, mais de la position du sujet interrogé lui-même par l'image.

THIERRY DE DUVE : Je suis d'accord. En réponse à quelqu'un qui lui demandait comment il choisissait un readymade, Duchamp a répondu : « Il vous choisit, pour ainsi dire. » L'œuvre, l'objet, a une force d'interpellation qui me pointe.

JACQUES LEENHARDT : Barthes parle à propos de la photographie qui le pointe d'« intraitable réalité ». C'est-à-dire qu'il présuppose qu'il y a un référent transcendantal, la condition humaine, qui interpelle en lui ce qu'il appelle *pitié*. Barthes élabore le concept du *punctum* à propos de la photographie parce que celle-ci impose au regard l'absolue présence d'un référent. Or, comment justifier ce même fonctionnement dans la peinture où il n'y a pas de référent immédiatement donné à la perception, mais seulement médiatement représenté ? La photographie oblige à voir, dans l'image, quelque chose qui se passe entre la vie et la mort et qui m'interroge, moi, parce que je participe, comme être humain, de cet espace réduit entre la vie et la mort. C'est ainsi que Barthes traite du retour de l'image photographique sur moi, comme *punctum* qui me désigne. Mais à quelle condition la pissotière de Duchamp a-t-elle cette capacité de me désigner dans mon humanité, et donc de me pointer ?

Thierry de Duve : Pourquoi me poses-tu cette question à moi, alors qu'elle se pose à toi ? Tu peux y répondre.

Jacques Leenhardt : Non, non parce que...

Thierry de Duve : Alors c'est qu'elle ne le fait pas pour toi.

Jacques Leenhardt : Là je me sens coincé dans mon propre relativisme, dans la mesure où je ne suis pas capable d'énoncer les valeurs qui, dans une peinture ou dans la pissotière, sont capables de m'interroger. Et je crains, pour revenir à ta question, que dans cinq cents ans on ne soit plus interrogé par cela.

Thierry de Duve : Moi aussi je suis dans le relativisme. C'est pourquoi me poser ta question comme tu l'as fait, c'est me demander de faire un abus de pouvoir, et je m'y refuse, évidemment. Je ne peux te donner qu'une réponse personnelle. Oui je trouve dans la pissotière de Duchamp quelque chose de cet ordre : elle me désigne dans mon humanité. Ce qu'elle te fait à toi, je n'en sais rien. Tu es comme nous tous devant cette pissotière, et tu te débrouilles avec. (Rires). Je connais un usage très pratique de la pissotière.

Didier Semin : Ma remarque va porter sur ton schéma magrittien que je trouve magnifique. Il me semble que l'on devrait pouvoir schématiser une période intermédiaire, parce que tu expliques très bien dans tes livres que le readymade ce n'est pas simplement le déplacement classique d'un objet du monde du non-art dans le monde de l'art. C'est entouré d'un ensemble de stratégies. Duchamp, notamment, faisait très attention à qui prenait la photo de l'objet et à son inclusion. Le readymade n'était pas seulement un déplacement, mais c'était aussi un vieillissement un peu comme pour le vin. Et je me demandais, sans avis particulier sur la question, si cette idée d'une transition et de limiter le nombre de readymades par année était schématisable ou si ça faisait partie de ces choses que les schémas laissaient dans l'ombre. Ce schéma ne méconnaît-il pas cet aspect tactique fondamental ?

Thierry de Duve : Dans le chapitre de *Résonances du readymade* auquel tu fais allusion, j'ai effectivement utilisé la « comparaison algébrique » de Duchamp, qui est le même schéma que j'ai utilisé aujourd'hui. Là, ce n'étaient pas des objets ou des sentiments qui intervenaient mais des objets et des institutions. D'où l'aspect tactique, ou stratégique, que tu soulignes et que dans ce chapitre sur le cas Richard Mutt je soulignais aussi, et que mon recours au sentiment méconnaît apparemment. Je peux, si tu veux, faire très brièvement le lien entre ces deux aspects de la question : sentiment et institution. Le sentiment dont il s'agit, quel que soit son contenu psychologique, c'est celui d'avoir affaire à de l'art. Et l'institution dont il s'agit, c'est le contexte dans lequel un objet tel que la pissotière peut être lu comme de l'art. On peut évidemment se contenter de dire : c'est de l'art parce que c'est dans un musée, parce que c'est dans le contexte de l'art, parce que c'est institutionnalisé comme tel. On ferait alors du pouvoir de l'institution le contexte pertinent, sans se poser la question de la légitimité de ce pouvoir. Mais la pertinence du contexte institutionnel est sociale, mondaine à la limite, rien de plus. Sa légitimité est ailleurs. Elle est dans le fait qu'un contexte comme le musée n'est qu'une invitation à apprécier l'objet esthétiquement, c'est-à-dire si oui ou non il donne le sentiment d'avoir affaire à de l'art. C'est cette invitation qui crée le vrai contexte esthétique : il est fait des attentes que les uns et les autres ont de l'art. Pour le cas Richard Mutt, c'étaient des attentes de Stieglitz, celles d'Arensberg, celles de peintres traditionnels du Salon des Indépendants. Pour nous, pour n'importe quel visiteur de musée, ce sont les choses que nous attendons d'un objet quelconque pour que nous ayons le sentiment qu'il est de l'art.

J'espère avoir montré, avec cette analyse du cas Richard Mutt, que grâce à Duchamp la question du contexte est désormais désinstitutionnalisée, c'est-à-dire libérée. Pas dans les faits, sans doute, car dans les faits il sera toujours vrai que Leo Castelli a beaucoup plus d'argent et beaucoup plus de pouvoir que moi. Pourtant je suis libéré : ce n'est pas parce que Castelli dit d'un objet que c'est de l'art que je dois le croire.

Ce qui complique la chose, c'est que quand tu dis « ceci est de l'art » à quelqu'un d'autre, tu ne lui montres pas ta collection. Ce qui fait croire que l'art est un concept, c'est qu'on ne montre jamais sa collection. Moi-même, dans mon croquis au tableau noir, je n'en ai montré qu'une toute petite partie. Si chacun montrait sa collection, on verrait qu'on se bagarre sur des œuvres et non sur des théories. Ainsi, par exemple, ayant lu et relu Greenberg, je trouve que c'est un des meilleurs critiques et un des meilleurs esthéticiens qui aient existé. Je me sens très proche de sa description de la manière dont le jugement esthétique fonctionne. Mais nous sommes en désaccord lorsque nos œuvres favorites comparaissent devant le tribunal de nos jugements respectifs.

    D<small>ANIEL</small> S<small>OUTIF</small> : Ce qui me trouble dans cette façon de voir, c'est que rien ne permet plus de distinguer entre bon et mauvais art ; il n'y a plus que de l'art et du non-art. Or, il semble bien que tu admettes néanmoins l'existence d'une hiérarchie à l'intérieur de ta collection. Pour éviter de reconnaître que l'art est un concept comme beaucoup d'autres, tu es contraint de faire une grande dépense théorique. Je ne revendique pas le positivisme qui consisterait à appliquer un principe d'économie de pensée aussi rigoureux que possible, mais il me semble tout de même plus simple de continuer de considérer l'art comme un concept ordinaire et d'admettre, donc, qu'il existe des objets d'art qui ne font pas partie de nos collections individuelles, ne serait-ce qu'afin de pouvoir parler d'art avec quelqu'un d'autre que soi-même. Il est possible, par exemple, de parler d'une exposition en doutant que ce soit une bonne exposition sans contester pour autant qu'il s'agisse d'une exposition d'art. Ne le fait-on pas sans cesse? Le problème de l'argumentation critique que j'ai posé tout à l'heure est un problème que tu ne peux pas ne pas également rencontrer d'abord à l'intérieur de ta propre collection, puisque tu admets qu'y figurent des objets de qualité variable, puis, ensuite, à un autre niveau de hiérarchisation encore, puisqu'il y a d'autre part des objets que tu refuses de considérer comme objets d'art alors que d'autres les considèrent comme tels. Tu es donc contraint à une double défense. D'une part, il te faut examiner les procédures argumentatives qui vont te permettre de hiérarchiser à l'intérieur de ta collection et, d'autre part, tu dois te livrer à des contorsions théoriques pour maintenir que l'art n'est pas un concept tout en en excluant certains objets. C'est pour ces raisons que la métaphore de l'écran Macintosh ou le schéma magrittien me paraissent de toute façon insuffisants. Dans un cas comme dans l'autre, quelque chose de la pratique réelle ne peut pas être pris en compte.

    THIERRY DE DUVE : C'est vrai, mais justement, je suis en train de réévaluer tout ça. Je ne parle pas de théorie mais de conduite à suivre, et même si je n'en ai pas toujours le courage, j'estime de plus en plus que je devrais dire que les « œuvres » qui ne m'intéressent pas ou que je n'aime vraiment pas ne sont pas de l'art. Il ne suffit pas qu'Untel se proclame artiste pour qu'il le soit, ou qu'il ait été dans une école d'art, ou qu'il y ait tant et tant de critiques qui écrivent sur lui. On devrait avoir le courage de dire « il se prétend artiste, mais ce n'est pas un artiste du tout ».

D'autre part, je ne vais pas passer ma vie à justifier que l'art n'est pas un concept. C'est acquis en ce qui me concerne, et, contrairement à ce que tu affirmes, avec un minimum de dépense d'énergie théorique. Par contre, tu as consacré un bon quart d'heure de ton exposé à dire que l'art était un concept flou, il y a toute une littérature sur ce sujet. Pour moi, la part théorique est terminée; on peut passer à autre chose.

Daniel Soutif : Oui, mais il n'empêche que tu énonces tout de même, comme tout le monde, et cela n'a naturellement rien de répréhensible, des jugements comparatifs. Ainsi, Olitski et Noland, par exemple, semblent selon toi moins bons que Pollock, mais diras-tu pour autant que leurs œuvres ne sont pas des œuvres d'art ?

Thierry de Duve : Non, pas du tout.

Daniel Soutif : Ce qu'il m'intéresserait précisément alors de comprendre, c'est, une fois des œuvres ainsi admises dans ta collection, ce sur quoi se fonde exactement la façon dont elles se hiérarchisent.

Thierry de Duve : Sur la comparaison et sur la fréquentation. J'aime mieux Cézanne que Van Gogh. j'ai regardé souvent l'un et l'autre, parfois même je doute de l'un et pas de l'autre, mais comme ça, en conclusion, je peux dire que j'aime mieux Cézanne que Van Gogh. Je peux argumenter ma préférence bien sûr, mais je n'ai pas à argumenter, comme tu le voudrais, la procédure d'argumentation. En ce qui concerne la critique d'art, nous souffrons d'un excès d'argumentation. Si nous voulons que le milieu redevienne plus vivant, il faut cesser de donner des explications aux gens mais leur mettre le nez dans le caca et leur dire « Jugez vous-mêmes ».

Daniel Soutif : Je suis désolé, mais « cesser de donner des explications » me semble revenir à abolir la critique d'art, du moins telle que j'essaie de la pratiquer.

Thierry de Duve : Dans les circonstances d'aujourd'hui, je suis pour une critique d'art qui distribue des étoiles comme dans *Pariscope* pour le cinéma : allez voir ceci, n'allez pas voir ça. Point, c'est tout. Ce n'est pas ce que je fais, je sais, il n'empêche que cette forme de critique manque. Le mot critique implique le jugement.

Lucien Stéphan : N'est-ce pas incompatible avec votre schéma ? Celui-ci, si j'ai bien compris, sert à montrer que les deux termes « ceci » et « art » sont dépourvus de signification. Mais ils ont une fonction de référence. Seulement, ce n'est pas symétrique. D'un côté, j'évoque brièvement le côté collection, il y a une double fonction : une fonction classificatoire, qui correspond à « cet objet appartient au musée », et une fonction normative, c'est-à-dire « ceci, dans ma collection, est plus ou moins bon ». Alors vous éliminez la fonction normative ?

Thierry de Duve : A partir du moment où le jugement esthétique porte sur les conventions de l'art elles-mêmes (c'est ça le modernisme, et je ne crois pas qu'en ce sens-là le modernisme soit fini), la fonction classificatoire et la fonction normative se superposent. C'est pourquoi j'ai commencé mon exposé en supposant une situation prémoderne où les conventions sont stables. Dans cette situation-là, « ceci est un tableau » a une fonction purement classificatoire et n'est pas un jugement esthétique, et « ceci est un bon tableau » est un jugement esthétique, qui a une fonction normative. Avec la modernité, « ceci est un tableau » est devenu un enjeu, un jugement esthétique autour duquel on s'est battu. Regardez le Salon des Refusés. Et ce que je redoute, dans la situation prétendument postmoderne qui est la nôtre, et dans laquelle n'importe quoi peut être de l'art, c'est que « ceci est de l'art » redevienne une simple convention, un code qui n'a cours que dans le milieu de l'art, lequel est devenu, on peut le craindre, un milieu de pure convention.

La théorie que je défends - l'art est un nom propre - est certes une vraie théorie esthétique, mais ce que je souhaite autour d'elle, ce n'est pas un débat théorique, c'est un débat éthique, dans lequel elle a à jouer un rôle politique. En tenant bon sur la thèse « l'art est un nom propre », je dis en fait : tout le monde doit pouvoir être membre du monde de l'art.

LUCIEN STÉPHAN : Il reste quand même une question théorique, puisqu'elle a été évoquée. On ne peut « pointer » sans signification, sans assortir l'index d'une signification. (Montrant un paquet de cigarettes) Pour Goodman, si vous voulez, cet objet-là exemplifie de nombreuses propriétés; ainsi, il exemplifie la propriété : ceci est une drogue, ceci est un paquet de cigarettes, ceci est en plastique, ceci est une objet de consommation, ceci est un objet technique, etc. Et même, il exemplifie la propriété d'être un exemple d'exemple.

THIERRY DE DUVE : Si le paquet de cigarettes devait être de l'art, pour Goodman il en serait un échantillon. Je ne suis pas loin du tout de sa position, puisque, en disant « ceci est de l'art », je dis « ceci est un échantillon de cela, ma collection. Je mets ceci dans cela ».

LUCIEN STÉPHAN : Ah, non. Vous ne pouvez pas dire ceci est un échantillon de la collection puisque chaque élément de la collection est un échantillon. Vous êtes obligé de passer à des significations, je ne dis pas communes à tous les objets de la collection, justement c'est le problème, mais qui ne sont pas nulles.

THIERRY DE DUVE : Je vous l'accorde. Et, bien sûr, je ne nie pas que l'art charrie des significations, et même des plurisignifications. Ça me rappelle un débat classique : est-ce qu'il faut ramener les pointages à des significations, ou les significations à des pointages? Concrètement, quand vous pointez un tableau, qu'est-ce que vous pointez exactement? L'objet matériel, c'est-à-dire le cadre, sa surface, le tissu de la toile, les pigments? Ou bien l'espace pictural, quelque chose qui est une qualité perceptive, phénoménologique? Ou bien encore des conventions, les conventions qui régissent l'application matérielle d'un pigment sur une toile, par exemple, ou les règles qui mettent l'espace pictural en perspective? Ou est-ce que vous pointez la beauté ou l'harmonie du tableau? Et quand vous pointez le tableau, que faites-vous du dos de la toile? Il ne compte pas? Est-ce comme objet matériel qu'il ne compte pas, ou comme qualité perceptive, ou comme convention? Ça dépend. Il se fait que certains peintres ont retourné le tableau et mis le dos de la toile en évidence, ce qui prouve que le dos de la toile est devenu une convention sur laquelle des artistes travaillent et qui fait partie de la peinture.

  Lucien Stéphan : Oui, mais vous ne faites qu'apporter de l'eau à mon moulin qui va être noyé. Puisque ça veut dire que si pointer n'est pas assorti d'une signification, ce qui est pointé est totalement indéterminé et qu'on peut associer n'importe quelle signification y compris « je pointe le dos de la toile ». Oui, alors, à ce moment-là, je suis d'accord avec vous.

Postface

Les archives de la critique d'art

Jean-Marc Poinsot

Créées en 1989, les Archives de la critique d'art ont pour vocation de réunir, préserver et mettre en valeur les documents et ouvrages accumulés par les critiques d'art au cours de leur carrière, ainsi que de développer toute action susceptible de contribuer à la connaissance de l'activité critique, du journalisme à la réflexion théorique. Elles prennent place à côté des documentations des musées d'art moderne et contemporain et des bibliothèques d'histoire de l'art. Mais leur objet, leur fonctionnement et l'ensemble des activités associées en font une institution originale.

Préserver les archives des critiques d'art

L'activité critique, sous sa double forme d'engagement et de réflexion auprès de la création artistique contemporaine, conduit les auteurs et leurs interlocuteurs à produire une documentation qui témoigne directement du débat esthétique. C'est cette documentation que les Archives de la critique d'art veulent préserver aux côtés de la littérature critique proprement dite.
Elles ont engagé depuis 1989 un travail systématique auprès des critiques actifs en France pour les inciter à déposer leurs écrits et leurs archives. Chaque critique peut ainsi constituer progressivement un fonds indépendant de ses écrits auxquels peuvent venir s'ajouter ultérieurement des archives et des ensembles documentaires liés à son activité.
L'originalité des fonds conservés tient à la méthode adoptée pour leur collecte. Celle-ci s'engage par une démarche personnalisée avec chaque auteur et repose sur un échange de services au terme duquel sont élaborées une bibliographie complète, une biographie et une liste de mots matière pour chaque critique. Ces informations, mises à jour chaque année, sont versées dans une base de données sans équivalent qui devrait à terme fournir une image détaillée de la production critique en France et dans le monde. En effet, à partir de 1992, les Archives de la critique d'art vont développer leur action internationale sur la base d'une collaboration avec des partenaires institutionnels européens.

Le travail de collecte des écrits et de préservation des fonds d'archives
se fait avec l'appui de l'Association internationale des critiques d'art,
des éditeurs de périodiques et d'ouvrages et du Centre national
des lettres. Il ne saurait prétendre à l'exhaustivité, mais, dans la mesure
où elles engagent des relations étroites avec les auteurs, les Archives
de la critique d'art seront amenées à détenir les fonds de référence
pour chacun d'entre eux.

Une bibliothèque spécialisée originale

Chaque fonds d'écrits ou d'archives forme une entité
qui fournit ainsi aux utilisateurs des informations qui dépassent la seule
accumulation des documents isolés. La personnalité des auteurs
est respectée, y compris dans la diversité de leurs centres d'intérêt.
Ainsi les fonds doivent-ils permettre de prendre connaissance d'activités
littéraires, scientifiques ou journalistiques parallèles à l'activité critique.
L'ensemble des fonds est accessible à partir de plusieurs bases
de données, car le traitement documentaire est entièrement informatisé.
La première et la plus classique est une base de données bibliothèque
qui indexe les ouvrages et dossiers d'archives.
La seconde gère les périodiques par titre et par fonds, suivant les besoins
des utilisateurs. Enfin, la dernière, qui est l'exclusivité des Archives
de la critique d'art, permet de prendre connaissance des biographies
et des bibliographies des critiques d'art, mais aussi d'affiner la recherche
des mots matière, par un module d'interrogation construit
autour des centres d'intérêt (mouvements, artistes, institutions, éditeurs,
notions) de chaque critique.
En outre, des monographies sur les principaux fonds d'archives doivent
être éditées au fur et à mesure de leur exploitation. Sont en cours
de préparation des monographies sur les archives de la Biennale de Paris
et de Pierre Restany, les deux fonds les plus importants déposés à ce jour.
A côté des fonds constitués par les auteurs ou avec leur aide,
il existe un fonds général qui comprend en particulier des anthologies
critiques, des actes de colloque ou des ouvrages sur l'histoire
de la critique, l'esthétique, et enfin des approches critiques de l'histoire
de l'art contemporain.
Il semble qu'à ce jour les Archives de la critique d'art soient
sans équivalent dans leur domaine propre. Elles vont s'efforcer

de maintenir et développer cette originalité par une série d'actions complémentaires à la fonction bibliothèque.

Un lieu pour le débat esthétique

Les Archives de la critique d'art ont engagé dès leur création l'organisation de rencontres et de débats. Le premier colloque, consacré à la *Place du goût dans la production philosophique des concepts et leur destin critique,* touche à une question incontournable en cette dernière décennie du XXe siècle, à savoir les relations de la philosophie avec la critique d'art, et leurs échanges.
D'autres suivront, avec la publication de leurs actes.
Ils pourront porter sur les thèmes les plus divers, seule prévaudra la recherche d'une pensée originale, proche des questions débattues avec les artistes en France et dans le monde.
En parallèle à ces manifestations d'envergure, les Archives de la critique d'art développent par des rencontres et des conférences une action continue qui contribue à mieux faire connaître ce qui se pense et s'écrit. Elles peuvent également organiser des réunions ou confrontations plus techniques et professionnelles sur l'état de l'édition ou les méthodes documentaires spécialisées.

Un laboratoire de recherche

Les Archives de la critique d'art sont liées par une convention avec l'université Rennes 2, afin d'offrir à de jeunes chercheurs le cadre d'un laboratoire de recherche de haut niveau.
Familiarisés avec les méthodes de travail des Archives de la critique d'art par des stages, les étudiants d'histoire de l'art peuvent ensuite choisir des sujets de recherche en relation avec les objectifs des Archives.
Les travaux achevés ou engagés ont concerné des critiques d'art comme Pierre Cabanne ou Pierre Restany, le fonds de la biennale de Paris, les périodiques spécialisés en art contemporain, le débat moderne/postmoderne, la formation des néologismes (en relation avec le développement d'une réflexion sur les mots matière spécifiques à la critique), etc.
Indépendamment de cette collaboration, les Archives de la critique d'art

ont engagé plusieurs programmes de recherche sur contrat.
Ces programmes ont porté sur la réflexion préalable à la réalisation
des outils documentaires spécialisés, le développement de méthodes
de travail originales, ainsi que sur le choix et l'écriture de logiciels
documentaires. Ces programmes de recherche ont été financés
par la Délégation aux arts plastiques et la Mission de la recherche
du Ministère de la culture et de la communication.
Les fonds conservés et les outils documentaires font des Archives
de la critique d'art un lieu d'accueil et de travail privilégié
pour les chercheurs, les critiques et les spécialistes de l'art contemporain.
Pour ceux dont les besoins se limitent à des demandes ponctuelles,
les Archives de la critique d'art s'efforcent de répondre directement
et de leur fournir à distance, et dans des délais raisonnables,
les prestations qu'ils attendent.

Une institution d'un nouveau type

Lorsque le développement de la fréquentation de l'art
contemporain, sous l'impulsion des musées et centres d'art devenus
le siège d'une véritable industrie culturelle, exige chaque jour
une littérature artistique plus abondante pour servir à sa compréhension
et à sa diffusion, ces mêmes musées ou centres d'art ne peuvent
plus fournir à eux seuls le travail et les outils intellectuels nécessaires.
Aussi les Archives de la critique d'art ont-elles un rôle spécifique à jouer
dans ce cadre. Elles voudraient offrir à ceux qui produisent
cette littérature artistique un lieu pour débattre des questions qui leur sont
propres, un lieu où se transmettent les savoirs et les expériences
des générations précédentes, un lieu enfin où puissent se formuler
les besoins intellectuels, scientifiques et documentaires qui ne sauraient
s'exprimer ailleurs.

Contributions

Stephen Bann est professeur d'histoire et de théorie de l'art au Rutherford College, université de Canterbury. Auteur de plusieurs ouvrages dont *The Inventions of History : essays on the Representation of the Past*, Manchester University Press : 1990. Articles en français dans *Poétique, URBI I, URBI VIII, Plasticiens, la Revue d'esthétique, la Revue des Belles-Lettres*.

Maria Teresa Beguiristain Alcorta est professeur de philosophie à l'université de Valence. Auteur de *La estetica de Harold Osborne*, Valence Nau Llibres : 1987. Traductrice des essais de David Hume : *La Norma del Gusto y otros ensayos*, Barcelone : Peninsula, 1989.

Michel Bourel est responsable de la bibliothèque, des enseignements et de la recherche au capcMusée d'art contemporain de Bordeaux. Il y dirige la collection *Transversalités*. Auteur de nombreux articles et essais publiés dans les catalogues du capc et dans *Artstudio*. Il prépare une monographie sur Joseph Kosuth à paraître en 1992 aux Editions Art Press.

Christine Buci-Glucksmann est directrice de programme au Collège international de philosophie. Auteur d'un « triptyque de la manière » aux Editions Galilée : *la Raison baroque, de Baudelaire à Benjamin*, 1984; *la Folie du voir : de l'esthétique baroque*, 1986; *Tragique de l'ombre : Shakespeare et le maniérisme*, 1990.

Thierry de Duve est directeur des études de la future Ecole des beaux-arts de la ville de Paris. Auteur de plusieurs ouvrages dont : *Essais datés I, 1974-1986*, Paris : La Différence, 1987; *Au Nom de l'art, pour une archéologie de la modernité*, Paris : Minuit, 1988; *Cousus de fil d'or, Beuys, Warhol, Klein, Duchamp*, Villeurbanne : Art Edition, 1990.

Bernard Marcadé est professeur à l'Ecole nationale
d'art de Cergy-Pontoise. Auteur de plusieurs ouvrages aux Editions
de La Différence : *Eloge du mauvais esprit,* 1986; *A.R. Penck,* 1988;
Robert Combas, 1991.

Yves Michaud est directeur de l'Ecole nationale supérieure
des beaux-arts de Paris. Il dirige la revue *Galeries des études,
Cahiers de l'Ecole nationale supérieure des beaux-arts*
(à paraître en janvier 1992) ainsi que la collection *Rayon Art,*
aux Editions Jacqueline Chambon, où il a publié
l'Artiste et les commissaires en 1989.

Michael Newman enseigne la philosophie à l'université
de l'Essex. Il a publié des préfaces de catalogues et de nombreux articles
et essais dans *Art in America, Artforum, Artscribe.*

Birgit Pelzer est professeur de philosophie à l'Institut
supérieur d'arts plastiques Saint-Luc à Bruxelles. Auteur de nombreux
articles et essais publiés entre autres par le Palais des Beaux-Arts
(Bruxelles), le Centre Georges-Pompidou (Paris), *October* ou *Parachute.*

Catherine Perret est maître de conférence en esthétique
à l'université Paris X. Elle a publié de nombreux articles,
préfaces et traductions *(Art Press, Artstudio, Cahiers de l'Herne).*
Elle prépare un essai sur Walter Benjamin à paraître aux Editions
de la Différence en 1992, ainsi que la publication
de la correspondance entre Novalis et Friedrich et August Wilhem
von Schlegel *(Lettres de la vie et de la mort de Novalis)* à paraître en avril
1992 aux Editions du Rocher.

Didier Semin est conservateur au Musée national d'art
moderne. Il a publié *Boltanski,* Paris : Art Press, 1988; *Victor Brauner,*
Paris : Filipacchi/Musées nationaux, 1990.

Daniel Soutif est professeur de philosophie,
rédacteur en chef des *Cahiers du Musée national d'art moderne*
et critique d'art à *Libération.*
Auteur de nombreuses préfaces de catalogues, d'articles et d'essais
(*Artforum* et *Artstudio*).

Transcription des débats
suivi de fabrication
Nathalie Tréluyer
Secrétariat de rédaction
Véronique Goudinoux
Claire Leroy

Système graphique
Daniel Perrier *Paris*
Corrections typographiques
Inigo de Satrustegui *Paris*
Photogravure
Ellips *Levallois Perret*
Photocomposition
MFJ *Rennes*
Impression
GMC *Rennes*

Typographie
Frutiger & Times Itc
Papier couverture
Montevrain superboard 200 grs
Papier intérieur
Astrid Arjomari 80 grs

Achevé d'imprimer en France
le 9 janvier 1992

EDITEUR 2 - 950 62 93
ISBN 2 - 950 6293 - 0 - X